Inhaltsverzeichnis (1) BGB AT

➲ Definition   ⚠ Beachte   ☞ Beispiel

➲ Definition   ⚠ Beachte   ☞ Beispiel

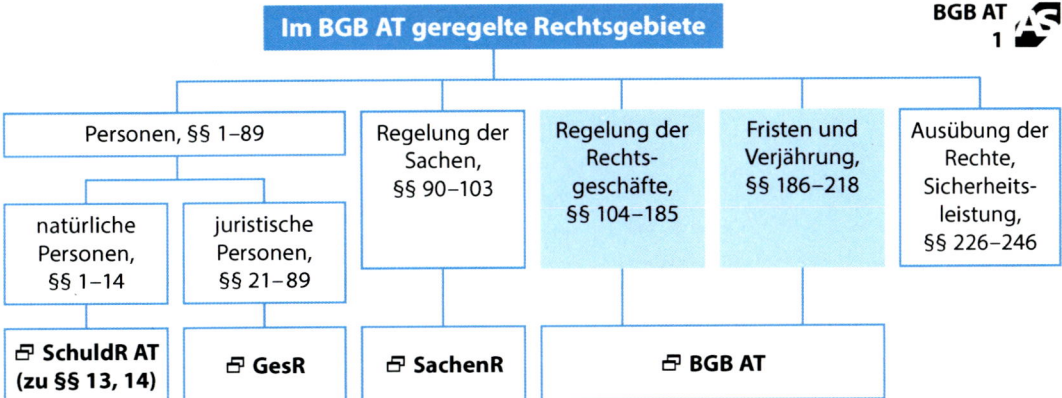

Im BGB AT geregelte Rechtsgebiete

- Personen, §§ 1–89
  - natürliche Personen, §§ 1–14
    - ⌂ **SchuldR AT (zu §§ 13, 14)**
  - juristische Personen, §§ 21–89
    - ⌂ **GesR**
- Regelung der Sachen, §§ 90–103
  - ⌂ **SachenR**
- Regelung der Rechtsgeschäfte, §§ 104–185
- Fristen und Verjährung, §§ 186–218
  - ⌂ **BGB AT**
- Ausübung der Rechte, Sicherheitsleistung, §§ 226–246

Die Regeln über **Rechtsgeschäfte** gelten für das gesamte **Privatrecht**, also für den **Verpflichtungsvertrag** und **einseitige Willenserklärungen**, für **Erb-, Familien-, Gesellschafts- und Vereinsverträge**.

Ein Rechtsinhaber kann über sein Recht **verfügen**, es also durch Rechtsgeschäft unmittelbar übertragen, aufheben, belasten und inhaltlich verändern. Auch hierfür ist u.a. eine dem BGB AT unterworfene **Einigung** erforderlich. Verfügungen sind im Sachenrecht und im Schuldrecht AT (☞ § 397; § 398) geregelt.

⟳ Das **Rechtsgeschäft** besteht aus einer oder mehreren **Willenserklärungen**, die allein oder in Verbindung mit anderen Tatbestandsmerkmalen eine Rechtsfolge herbeiführen, weil sie gewollt ist.

Verpflichtungsgeschäfte sind alle Rechtsgeschäfte, die ein rechtsgeschäftliches Schuldverhältnis begründen, die also mindestens einen **Anspruch** i.S.d. § 194 I des Gläubigers auf ein Tun oder Unterlassen des Schuldners begründen.

Verfügungsgeschäfte sind alle Rechtsgeschäfte, die unmittelbar auf eine **Rechtsänderung** gerichtet sind.

☞ **Aufhebung** eines Rechts (§ 875); **Inhaltsänderung** bei Beschränkung der Nutzungsziehung aus einem Nießbrauch (§ 877); **Übertragung** des Eigentums an einer Sache (§§ 929 ff. bzw. §§ 873, 925) oder der Inhaberschaft an einer Forderung (§ 398); **Belastung** eines Grundstückes mit einer Grundschuld (§§ 873, 1191)

Die Trennung zwischen **Verpflichtungs**- und **Verfügungsgeschäft** ist eines der wesentlichen Prinzipien des deutschen Zivilrechts **(Trennungsprinzip)**. Im unmittelbaren Zusammenhang damit steht die Unabhängigkeit des Verfügungsgeschäftes von der Wirksamkeit des Verpflichtungsgeschäftes **(Abstraktionsprinzip)**.

Gleichwohl kann eine getrennte (!) Prüfung ergeben, dass beide Geschäfte aus demselben Grund nichtig sind **(Fehleridentität)**.

☞ Wird jemand arglistig getäuscht oder bedroht, wirkt sich dies i.d.R. auf beide Rechtsgeschäfte aus. Es können beide Rechtsgeschäfte nach §§ 142 I, 123 angefochten werden.

Ausnahmen:

- Die Parteien können die Wirksamkeit des Verpflichtungsgeschäftes als **Bedingung** (§ 158) für die Wirksamkeit der Verfügung vereinbaren, soweit dies nicht (wie in § 925 II) ausgeschlossen ist.

- Nach h.M. können das Verpflichtungs- und das Verfügungsgeschäft zu einem **einheitlichen Rechtsgeschäft** i.S.d. § 139 verbunden werden.

➲ Das Recht, von einem anderen ein Tun oder Unterlassen zu verlangen (§ 194 I).

Bestandteile: ⚠ Sie gehören in **jeden Obersatz** und **jeden Ergebnissatz**.

- **Wer?**: Gläubiger
- **Von Wem?**: Schuldner
- **Was?**: Anspruchsinhalt/Rechtsfolge
- **Woraus?**: Anspruchsgrundlage (Norm oder Vertrag)

Der Gläubiger kann seinen Anspruch nur geltend machen, soweit diesem keine **Einwendungen im weiteren Sinne** entgegenstehen:

- **rechtshindernde Einwendungen** lassen den Anspruch von vornherein nicht entstehen.

  ☞ Formnichtigkeit, § 125; Sittenwidrigkeit, § 138

- **rechtsvernichtende Einwendungen** vernichten den Anspruch erst im Nachhinein.

  ☞ Erfüllung, § 362 I; Aufrechnung, § 389

- **rechtshemmende Einwendungen** hemmen die Durchsetzbarkeit des bestehenden Anspruchs zeitweise (**dilatorisch** ☞ Zurückbehaltungsrechte, § 273, § 320) oder dauerhaft (**peremptorisch** ☞ Verjährung, § 214 I; Einrede der Bereicherung, § 821), aber nur, soweit der Gläubiger sie geltend macht.

⚠ Einredebehaftete Ansprüche sind **erfüllbar** (vgl. § 813) und **abtretbar**.

⚠ Für „Anspruch entstanden; Anspruch nicht erloschen; Anspruch durchsetzbar" gilt dasselbe wie für jedes **Schema: Nicht blind abspulen**, sondern nur problematische Punkte ausführlich ansprechen.

⊃ Eine **Willenserklärung** ist die **Äußerung** jedes **auf die Herbeiführung einer Rechtsfolge gerichteten Willens**.

Äußerer Erklärungstatbestand

Der Sachverhalt muss den Schluss zulassen auf einen:

- **Handlungswillen:** erkennbar willensgesteuerte Tätigkeit;
- **Rechtsbindungswillen:** Erklärung auf (irgendeine) rechtliche Bindung gerichtet, ⊟ 5, 6;
- **bestimmten Geschäftswillen**: Erklärung lässt konkret angestrebte Rechtsfolge erkennen.
  Eine Vertragserklärung muss die **vertragswesentlichen Bestandteile (essentialia negotii)** enthalten, also die Vertragsparteien und die bestimmbaren Leistungs- und Gegenleistungspflichten (Verpflichtung) bzw. die bestimmbare Forderung (Verfügung über Forderung) bzw. die bestimmte Sache (Verfügung über Sache).

Für den äußeren Erklärungstatbestand spielt es bei **empfangsbedürftigen Erklärungen** wegen §§ 116, 157 keine Rolle, ob der Erklärende den zum Ausdruck gekommenen Willen tatsächlich hatte. Entscheidend ist lediglich, **ob die Erklärung aus der Sicht des objektiven Empfängers die Tatbestandsmerkmale erfüllt**.

Innerer Erklärungstatbestand

Der tatsächliche innere Wille des Erklärenden muss gerichtet sein auf:

1. **Handlungsbewusstsein:** Keine Wirksamkeit, wenn Erklärendem Handlungsbewusstsein fehlt.

2. **Erklärungsbewusstsein:** ⊃ Bewusstsein, irgendeine rechtsgeschäftliche Erklärung abzugeben.
   BGH: Ausreichend für Wirksamkeit ist **potenzielles Erklärungsbewusstsein**, wenn also der Erklärende hätte erkennen können, dass sein Verhalten als Willenserklärung aufgefasst wird.
   ⚠ **Blankettvervollständigung:** Mangels vertragswesentlicher Bestandteile keine Willenserklärung, aber Rechtsschein wird analog § 172 II zugerechnet.

3. **Geschäftswille:** konkret gewollte Rechtsfolgen

⚠ Weicht der erklärte Geschäftswille von dem inneren Geschäftswillen ab oder liegt nur potenzielles Erklärungsbewusstsein vor, so ist die Erklärung nach h.M. wirksam, aber eine **Anfechtung** gem. §§ 142 I, 119 I möglich.

Mindesttatbestand einer Willenserklärung (h.M.)

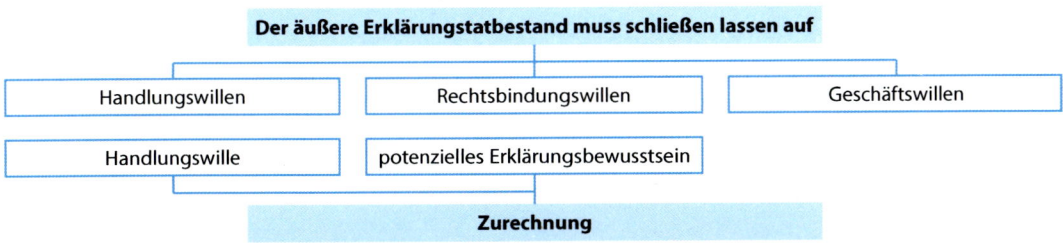

➲ Eine empfangsbedürftige Erklärung muss gem. § 157 aus der Sicht des Empfängers darauf schließen lassen, **dass das Erklärte rechtlich verbindlich sein soll** (Rechtsbindungswille). Dies ist **nicht (!)** der Fall bei:

Invitatio ad offerendum

- **Schaufensterauslagen** und **Zeitungsinserate** enthalten eine reine Aufforderung an den Käufer, ein Angebot abzugeben (Verkäufer will vorher Warenvorrat prüfen). Die Warenauslage im **Selbstbedienungsladen** ist hingegen nach h.M. bereits eine verbindliche Erklärung in Form eines Angebots (Verkäufer muss Vorrat nicht mehr prüfen). Die Annahme erfolgt mit dem Vorlegen an der Kasse.

- Bei **Selbstbedienungstankstellen** ist bereits die betriebsbereite Zapfsäule das Angebot und die Selbstbedienung die Annahme (str.).

- Ein **freibleibendes Angebot** ist im Zweifel nur eine invitatio, allerdings wird ein auf sie folgendes Angebot durch Schweigen angenommen. Im Einzelfall kann aber eine Auslegung ergeben, dass es sich um ein verbindliches Angebot handelt, welches noch unverzüglich nach Zugang der Annahmeerklärung widerrufen werden kann.

- Beim **Versandhandel im Internet** ist die Präsentation der Produkte eine invitatio. Das Angebot gibt der Käufer in der Regel durch das Ausfüllen einer Bestellmaske oder das Versenden einer E-Mail ab. Die Annahme des Verkäufers erfolgt entweder per E-Mail oder spätestens konkludent per Versenden der Ware. Die E-Mail muss Rechtsbindungswillen erkennen lassen, eine bloße Bestellbestätigung als reine Wissenserklärung genügt nicht. Oft wird der Ablauf des Vertragsschlusses in den AGB (🖙 68 ff.) des Anbieters geregelt – diese gehen als Verkehrssitte i.S.d. § 157 der allgemeinen Auslegung vor, wenn sie wirksam einbezogen sind (🖙 14).

Politische, wissenschaftliche, persönliche Erklärungen

Kein Rechtsbindungswille

Bei **Hilferufen** finden oft die Regeln der **GoA** (§§ 677 ff.) Anwendung.

Scheingeschäft, § 117

Simuliertes Geschäft ist unwirksam (§ 117 I). Mögliches **dissimuliertes Geschäft** ist wirksam, soweit keine anderen Nichtigkeitsgründe vorliegen (§ 117 II).

Scherzgeschäft, § 118

Böser Scherz wirksam, arg. § 116. **Guter Scherz** und **misslungenes Scheingeschäft** nichtig, aber Schadensersatz (§ 122).

Auskunft, Rat, Empfehlung

Begründet gemäß § 675 II grds. keine Verpflichtung. Indizien für **Ausnahme:**
- Auskunft für Empfänger erkennbar von erheblicher Bedeutung und Grundlage einer wesentlichen Entscheidung.
- Auskunftgeber hat besondere Sachkunde und eigenes wirtschaftliches Interesse, ☞ Rat eines Rechtsanwalts.

Gefälligkeit ➲ Leistung ohne Gegenleistung

Auslegungskriterien für die Frage, ob die Gefälligkeit rechtliche Folgen hat:
- **Wert** einer anvertrauten Sache
- **wirtschaftliche Bedeutung** der Angelegenheit
- erkennbares **Interesse des Begünstigten**
- **Zumutbarkeit** des mit einer rechtlichen Bindung einhergehenden **Risikos** für den Gefälligen
  (☞ Lottospielgemeinschaft)

Alltägliche Gefälligkeit	Gefälligkeitsverh.	Gefälligkeitsvertrag, z.B. §§ 662, 598
Auslegung ergibt, dass Beteiligte keine Pflichten begründen wollten	Auslegung ergibt, dass keine Primärleistungspflichten, sondern nur Nebenpflichten begründet werden sollen (lt. BGH nicht anzuerkennen, str.)	Die Parteien haben Rechtsbindungswillen und es bestehen Primär-, Sekundär- und Nebenleistungspflichten.
Haftung nur nach Deliktsrecht. Nach der Lit. analog §§ 521, 599, 690 nur für Vorsatz und grobe Fahrlässigkeit. Dagegen spricht, dass das Auftragsrecht diese Erleichterung nicht vorsieht, also kein allgemeiner Rechtsgedanke vorliegt. Die Rspr. bejaht daher nur in **Ausnahmefällen** einen Haftungsausschluss für leichte Fahrlässigkeit aufgrund **ergänzender Vertragsauslegung**.	Bei schuldhafter Verletzung von Sorgfalts- bzw. Nebenpflichten Schadensersatz aus §§ 311 II Nr. 3, 241 II, 280 I und aus §§ 823 ff.	■ Besonderheiten: Der Gefällige haftet wegen Nichterfüllung der Vertragspflichten außer im Falle des Auftrags nur für Vorsatz, grobe Fahrlässigkeit bzw. Sorgfalt in eigenen Angelegenheiten (§§ 521, 599, 690). ■ Wenn daneben aus unerlaubter Handlung gehaftet wird, so gilt nach **h.M.** auch i.R.d. §§ 823 ff. der Haftungsmaßstab der §§ 521, 599, 690 entsprechend.
⚠ Auch bei der GoA möglich, wenn Geschäftsführer objektiv keine rechtliche Bindung will.		■ Der Gefällige kann sich unter erleichterten Voraussetzungen einseitig von der vertraglichen Bindung lösen, z.B. §§ 530, 528, 604, 671, 696.

nicht empfangsbedürftig	empfangsbedürftig	
Abgabe	**Abgabe**	**Zugang**

nicht empfangsbedürftig — Abgabe

⮚ **Endgültige willentliche Entäußerung**

☞ Auslobung, Testament, Eigentumsaufgabe an beweglichen Sachen (§ 959), Zugang der Annahmeerklärung wegen Verkehrssitte oder Verzicht nicht erforderlich (§ 151)

empfangsbedürftig — Abgabe

⮚ Die **Erklärung wird vom Erklärenden willentlich so in den Verkehr gebracht**, dass **ohne sein weiteres Zutun der Zugang** der Erklärung eintreten kann.

▪ Die **mündliche** Erklärung ist abgegeben, sobald der Erklärende sie ausgesprochen hat.

▪ Die **schriftliche** und die **digitale** Erklärung ist abgegeben, sobald sie auf dem Weg zum Empfänger ist.

  ☞ Briefübergabe an Zustelldienst; Sendebefehl bei E-Mail, SMS u.ä.

▪ **Abhandengekommene** WE

  – Lit.: wie fehlendes Erklärungsbewusstsein (also WE [+], aber §§ 142 I, 119 I möglich)

  – Rspr.: keine Abgabe, selbst wenn Erklärender das Inverkehrbringen zu vertreten hat; aber §§ 311 II, 241 II, 280 I

  ☞ Sekretärin schickt Brief aus Papierkorb ab, weil sie meint, er sei aus der Unterschriftsmappe gefallen.

empfangsbedürftig — Zugang

⮚ Sobald die Erklärung derart in den **Machtbereich des Empfängers gelangt**, dass bei Annahme gewöhnlicher Verhältnisse damit zu rechnen ist, er **könne von ihr Kenntnis erlangen**.

▪ Eine **schriftliche** Willenserklärung geht unter **Anwesenden** mit der Aushändigung des Schriftstücks zu.

▪ Für **mündliche** Erklärungen gilt nach h.M. die **abgeschwächte Vernehmungstheorie**. Die Erklärung geht zu, wenn der Empfänger sie akustisch vernommen hat und der Erklärende damit rechnen konnte, dass der Empfänger seine Erklärung richtig verstanden hat.

▪ Zugang unter **Abwesenden** ⮕ 10

Unter Abwesenden kann der Zugang einer Erklärung bewirkt werden, indem

sie einem **Empfangsboten** ggü. abgegeben wird.

↻ Empfangsbote ist derjenige, der vom Empfänger zur Empfangnahme **bestellt** ist <u>oder</u> nach der Verkehrsanschauung zur Übermittlung **geeignet** ist und als **ermächtigt** gilt.

■ Nach der **Verkehrsanschauung** gelten als ermächtigt: die im Haushalt des Empfängers lebenden Personen, soweit sie die für die Übermittlung einer Willenserklärung notwendige Reife besitzen, und Betriebsangehörige, soweit sie ihrer Stellung nach zur Empfangnahme befugt sind.

■ **Zeitpunkt** des Zugangs: Wenn bei Zugrundelegung normaler Verhältnisse mit Kenntnisnahme des Empfängers gerechnet werden kann.

△ Bei Übergabe an einen **Empfangsvertreter** gem. § 164 III handelt es sich um einen Zugang unter **Anwesenden** (⌐ 23).
Der Zugang beim Empfänger tritt bereits mit Zugang beim Vertreter ein.

sie in **Empfangsvorrichtungen** des **Empfängers** geschafft wird.

■ Ist die Erklärung in die Empfangsvorrichtung (Briefkasten; Faxgerät; Mailserver; Nachrichtenspeicher des Handys) geschafft worden, so ist sie in den **Machtbereich des Empfängers** gelangt.

■ Die Erklärung geht zu dem **Zeitpunkt** zu, in dem bei Zugrundelegung normaler Verhältnisse mit der Kenntnisnahme der Erklärung gerechnet werden kann.

☞ Bei einem Fax, welches um 11 Uhr abends ankommt, Zugang erst am nächsten Morgen; bei einer geschäftlichen E-Mail u.U. sofort, spätestens aber mit Geschäftsschluss.

- Nach h.M. wird der Zugang fingiert, wenn eine **grundlose Annahmeverweigerung** oder eine **arglistige Zugangsverhinderung** vorliegt.

- Bei **sonstigen**, vom Empfänger **zu vertretenden Zugangshindernissen**, ist eine erneute Zustellung erforderlich, die dann aber auf den Zeitpunkt der ersten Zustellung zurückwirkt.

- Bei **Zugangshindernissen**, die der Adressat **nicht zu vertreten** hat, besteht hingegen keine Rückwirkung.

  ⚠ Kein Zugang, wenn **Einschreiben** gegen Übergabe oder Rückschein wegen Abwesenheit des Empfängers nicht zugestellt werden kann.

  ⚠ Hat ein **Faxgerät** kein Papier vorrätig, dann kommt es zum Zugang, sobald das Dokument vollständig in den Speicher des Empfangsgerätes gelangt ist und nach den gewöhnlichen Umständen mit der Kenntnisnahme durch den Empfänger zu rechnen ist.

⚠ Die Willenserklärung wird nicht wirksam, wenn vorher oder gleichzeitig mit dem Zugang ein **Widerruf** zugeht, § 130 I 2. Der Widerruf ist eine Willenserklärung, er kann daher seinerseits widerrufen oder angefochten werden.

Vertragliche Einigung (1)

- Die Art und Weise des **Zustandekommens des Vertrages**, also das „wie", ist in den **Regeln über Rechtsgeschäfte, §§ 104 ff.**, enthalten.

- Der **Inhalt des Vertrages** ergibt sich aus den **zwingenden Regeln** des jeweiligen Sachgebietes, z.B. Schuldrecht, Sachenrecht, Familienrecht, Erb- und Gesellschaftsrecht, hilfsweise aus der **Parteivereinbarung** und ihrer Auslegung und wiederum hilfsweise aus den **dispositiven gesetzlichen Regeln**.

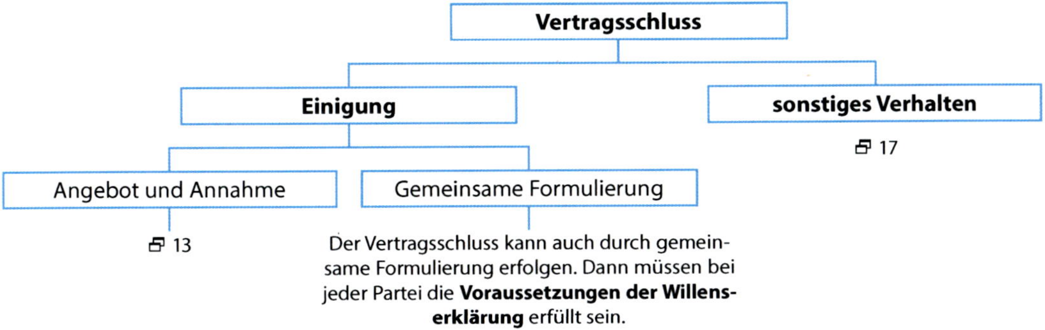

```
                          ┌─────────────────────────┐
                          │     Vertragsschluss     │
                          └─────────────────────────┘
              ┌───────────────────────┴───────────────────────┐
    ┌─────────────────────┐                       ┌─────────────────────┐
    │      Einigung       │                       │  sonstiges Verhalten │
    └─────────────────────┘                       └─────────────────────┘
                                                          ⬚ 17
    ┌──────────┴──────────┐
┌──────────────────┐  ┌──────────────────────┐
│ Angebot und      │  │ Gemeinsame           │
│ Annahme          │  │ Formulierung         │
└──────────────────┘  └──────────────────────┘
      ⬚ 13
```

Der Vertragsschluss kann auch durch gemeinsame Formulierung erfolgen. Dann müssen bei jeder Partei die **Voraussetzungen der Willenserklärung** erfüllt sein.

⚠ Der Eintritt der erstrebten **Rechtsfolgen** kann von **weiteren Voraussetzungen** wie z.B. Übergabe, Eintragung in ein Register, Zustimmung eines Dritten, einer Behörde oder eines Gerichtes abhängig sein.

☞ Die Eltern bedürfen in den in §§ 1643, 1821, 1822 und der Vormund in den in §§ 1821, 1822 genannten Fällen der Genehmigung des Familiengerichts. Verfügungen über Grundstücke müssen ins Grundbuch eingetragen werden (§§ 873 I, 875, 877).

Vertragliche Einigung (2)

Einigung

Angebot (auch: Antrag)	**Annahme**
➲ WE, die inhaltlich so bestimmt ist, dass der andere nur noch mit „**Ja**" antworten muss. Es muss zumindest die wesentlichen Vertragsbestandteile enthalten.	➲ Die **Annahme** ist die **uneingeschränkte Zustimmung** zu dem Angebot.
▪ Es müssen die **Voraussetzungen** der **WE** vorliegen. ⤶ 4, 5	▪ Es müssen die **Voraussetzungen** der **WE** erfüllt sein.
▪ Das Angebot wird **wirksam** durch **Abgabe** und **Zugang**. ⤶ 9–11	▪ Die Annahme wird wirksam durch **Abgabe** und **Zugang** (Ausn.: § 151).

Besonderheiten bei der Annahme

▪ Die Annahme muss innerhalb der vereinbarten oder gesetzlichen **Frist** erfolgen, §§ 147–148. Ist sie rechtzeitig abgegeben, aber verspätet zugegangen, so schadet dies nach § 149 nur bei unverzüglicher Anzeige. Wird die Annahmefrist versäumt, erlischt das Angebot gem. § 146.

▪ Eine **verspätete Annahme** gilt als **neues Angebot**, § 150 I. Eine **Annahme** unter **Änderungen** gilt als **Ablehnung** und **neues Angebot**, § 150 II.

▪ Der **Zugang** (nicht: die Abgabe) kann nach der Verkehrssitte oder bei Verzicht entbehrlich sein, § 151.

▪ **Verstirbt** der Anbietende nach Abgabe des Angebotes oder wird er geschäftsunfähig, so ist dies für die Wirksamkeit ohne Bedeutung, § 130 II, und die Annahme gem. § 153 weiter möglich.

Online-Auktionen

- Nach ganz h.M. **keine Versteigerung i.S.d. § 156**. Eine Internet-Auktion endet nicht mit einer abschließenden Willenserklärung des Versteigerers (Zuschlag), sondern durch Zeitablauf.

  ⚠ Daher ist das **Widerrufsrecht** aus §§ 312 g I, 312 c nicht gem. § 312 g II 1 Nr. 10 ausgeschlossen.

- Der Vertrag kommt durch **Angebot** und **Annahme** zustande. Maßgeblich für den genauen Ablauf sind die AGB des Auktionshauses (keine unmittelbare Geltung, aber Verkehrssitte i.S.d. § 157).

  ☞ Verkäufer gibt durch Auktionsstart ein verbindliches Kaufangebot ab, das sich an den richtet, der innerhalb der Laufzeit das höchste Gebot abgibt.

  ☞ Verkäufer erklärt mit Auktionsstart antizipierte Annahme, Gebot des Höchstbietenden ist Angebot.

- Beim **Verbrauchsgüterkauf** ist (auch außerhalb von Auktionen) § 312 j III zu beachten (Button „zahlungspflichtig bestellen" o.ä.). Ansonsten kommt gem. § 312 j IV kein Vertrag zustande.

- Der Vertrag ist nicht gem. § 134 BGB i.V.m. § 34 b GewO nichtig, da diese Vorschriften keine Verbotsgesetze sind und überdies nach h.M. Internet-Auktionen auch **keine Versteigerung i.S.d. § 34 b GewO** darstellen.

Online-Auktionen (Fortsetzung)

- Der Vertrag ist auch nicht gem. § 138 I wegen eines **wucherähnlichen Geschäfts** nichtig, selbst wenn Wert und Kaufpreis der Sache stark auseinanderfallen. Der Bietende hofft durch Abgabe eines niedrigen Gebots, den Auktionsgegenstand zum „Schnäppchenpreis" zu erwerben, während der Anbietende auf einen hohen Kaufpreis durch gegenseitiges Überbieten hofft.

- Die Erklärungen sind auch nicht gem. § 762 unverbindlich, da Online-Auktionen (ebenso wie eine herkömmliche Versteigerung) **kein Spiel** darstellen.

- Der **Abbruch einer Auktion** und die **Rücknahme eines Gebots** sind nur in den vom Gesetz oder von den AGB zugelassenen Fällen (☞ im Fall eines Anfechtungsrechts) zulässig. Bei Unzulässigkeit des Abbruchs bzw. der Rücknahme kommt ein Kaufvertrag zum aktuellen Höchstgebot zustande. Kann der Verkäufer die Kaufsache nicht mehr liefern, so schuldet er Schadensersatz in Höhe des Wertes der Kaufsache (§ 311 a II bzw. §§ 280 I u. III, 283 i.V.m. § 249 II oder § 251 I). Der Anspruch kann deutlich höher als das Höchstgebot sein, weil er sich nach dem Wert des Kaufgegenstands richtet.
  Ausnahme: Abbruchjäger, der auf irrtümliche Auktionen bietet und auf Schadensersatz spekuliert.

- **Bid Shielding:** höheres Gebot wirksam (§§ 130 I 2, 116 S. 1, 117 I, 118, 142 I jeweils [-])

  ☞ K bietet mit Account I 30 €, dann mit Account II 600 €. Andere Interessenten sehen „600 €" und werden abgeschreckt. Kurz vor Auktionsende widerruft K Angebot II. Der Kaufvertrag kommt trotzdem i.H.v. 600 € zustande.

- **Shill Bidding:** Verkäufer treibt mit zweitem Account den Preis hoch. Kaufvertrag kommt mit dem letzten Höchstbietenden vor Manipulationsbeginn zustande (h.M.).

Dissens (Einigungsmangel bzgl. unwesentlicher Vertragsbestandteile)

offener Dissens, § 154

- Der Einigungsmangel über Nebenpunkte (accidentialia negotii) ist den Parteien **bekannt**.
  Rechtsfolge: Der Vertrag ist **im Zweifel nicht geschlossen**.

- Ohne eine Einigung über die **wesentlichen Vertragsbestandteile** (essentialia negotii) kommt ein Vertrag nicht zustande **(Totaldissens)**. Ausreichend ist aber Möglichkeit der Leistungsbestimmung durch Auslegung oder durch Anwendung des dispositiven Rechts (§§ 612 II, 632 II, 653 II, 315 ff.).

  ☞ Ein Mietvertrag kommt in Höhe der ortsüblichen Miete auch ohne die Einigung über die Miete zustande, wenn sich die Parteien über die entgeltliche Überlassung des Gebrauchs geeinigt haben.

  ⚠ Enthalten die **AGB** der Parteien sich **widersprechende Regelungen**, so bringt der Leistungsaustausch zum Ausdruck, dass die AGB nicht so wichtig sind, dass der Vertrag daran scheitern soll. Soweit die AGB sich widersprechen, sind sie ungültig und es gilt dispositives Recht.

versteckter Dissens, § 155

Der **Einigungsmangel** ist den Parteien **unbekannt** geblieben, obwohl sie sich über den Punkt einigen wollten. Der Vertag ist **grds. nichtig**, es sei denn, die Parteien hätten den Vertrag auch ohne den ausstehenden Punkt geschlossen (Rechtsfolge entspricht § 139).

Fallgruppen:
- Vergessen, Übersehen
- Erklärungsdissens (Parteien glauben an nicht bestehende Vollständigkeit)
- Scheinkonsens (Erklärungen objektiv mehrdeutig und subjektives Verständnis unterschiedlich)

Unterschied Dissens/Anfechtung: Beim Dissens stimmen die äußeren Erklärungstatbestände der Parteien nicht überein. Bei der Anfechtung gem. § 119 I stimmt der äußere und der innere Erklärungstatbestand einer Partei nicht überein.

Einigung ohne Angebot und Annahme

- gemeinsame Erklärung
- Realofferte und sozial-typisches Verhalten, selbst bei entgegenstehendem, ausdrücklich erklärtem Willen

  ☞ Einsteigen in U-Bahn

- **Fortsetzung eines beendeten Vertrages** (Miete, § 545; Dienstvertrag, § 625)

Schweigen

- kraft **Vereinbarung** als Annahme
- kraft **Gesetzes**, § 362 I HGB, § 5 III PflVersG, § 516 II 2
- § 242, wenn Rechtspflicht zur Gegenerklärung

auf **kaufmännisches Bestätigungsschreiben**:

1. Parteien = **Kaufleute** oder Teilnahme am Wirtschaftsleben
2. Die Parteien oder ihre Vertreter haben **Vertragsverhandlungen** geführt.
3. Es muss ein **Vertragsschluss** mit seinem wesentlichen Inhalt **bestätigt** werden. Ergänzungen nur zulässig, soweit mit Billigung gerechnet werden kann (vs. **Auftragsbestätigung:** Annahme bzw. neues Angebot, § 150 II).
4. Das Schreiben muss in **engem zeitlichen Zusammenhang** zugegangen sein und der Empfänger darf nicht **unverzüglich widersprochen** haben.
5. **Rechtsfolge:** Vertrag mit dem Inhalt des Bestätigungsschreibens

Grundsätzlich hat Schweigen keine Bedeutung. In Einzelfällen gilt das Schweigen jedoch als **Genehmigung** (§ 416 II 2, § 455 S. 2, § 75 h HGB, § 91 a HGB) oder als **Ablehnung einer Genehmigung** (§ 108 II 2, § 177 II 2, § 415 II 2).

Einseitige Rechtsgeschäfte

BGB AT

- Anfechtungeerklärung, § 143 ⎘ 65
- Widerruf, § 130 ⎘ 11
- Bevollmächtigung, § 167 ⎘ 27
- Zustimmung, § 182 ⎘ 34, 35

Schuldrecht

- Auslobung, § 657
- Rücktrittserklärung, § 349
- Kündigungserklärung, z.B. §§ 314, 543 IV, 489, 608
- Widerrufserklärung, § 355 I
- Aufrechnungserklärung, § 388

Sachenrecht

- Widerruf der Einigung bis zum Vollzug (Ausnahme § 873 II)
- § 959, § 928: Eigentumsaufgabe
- § 875: Aufhebung eines Rechtes

Erbrecht

- Testament, § 2064
- Ausschlagung der Erbschaft, § 1946
- Widerruf, §§ 2253 ff.

Für die einseitigen Rechtsgeschäfte gelten die allgemeinen Regeln mit folgenden Besonderheiten:

- Sie sind **bedingungsfeindlich**. Zulässig ist eine **Potestativbedingung** (abhängig vom Willen des Erklärungsempfängers) und eine **Rechts„bedingung"** (abhängig von der Beurteilung einer Rechtsfrage, kein Fall des § 158).
- Einseitige Rechtsgeschäfte eines **Vertreters ohne Vertretungsmacht** bzw. **ohne Vorlage der Vollmachtsurkunde** oder eines **Minderjährigen** ohne Einwilligung sind nichtig, §§ 180, 174, 111.

Geschäftsähnliche Handlung

Rechtsfolge tritt unabhängig vom Willen ein. Regelungen über einseitige Rechtsgeschäfte gelten entsprechend.
☞ Fristsetzung, §§ 281 I, 323 I; Mahnung, § 286 I

Auslegung, §§ 133, 157

Vorrang des erkannten Willens

Wird der wahre Wille erkannt, so wird die Willenserklärung entsprechend dem **erkannten Geschäftswillen** wirksam. Das Gleiche gilt, wenn Vertragsparteien übereinstimmend einen bestimmten Geschäftswillen haben, aber übereinstimmend etwas anderes erklären **(falsa demonstratio non nocet)**.

normative (erläuternde) Auslegung

Auszugehen ist von der **Sicht** des **Empfängers**. Anzuknüpfen ist an den **Wortlaut** der Erklärung, Beweggründe, Begleitumstände, Zweck des Rechtsgeschäftes, Interessenlage, Treu und Glauben und Verkehrssitte. Eine Ausnahme von diesem Grundsatz gilt, wenn eine vom Empfänger **vorformulierte Erklärung** vorliegt.

ergänzende Vertragsauslegung

Liegt eine **Vertragslücke** vor, die durch dispositives Recht nicht geschlossen werden kann **(Lücke im Gesetz)**, so ist diese durch ergänzende Vertragsauslegung zu schließen. Dabei ist vom **hypothetischen Parteiwillen** auszugehen, also wie vernünftige Parteien den Fall geregelt hätten.

⚠ Durch Auslegung ist zu ermitteln,
- **ob** überhaupt eine **Willenserklärung** vorliegt, insbes. ob Rechtsbindungswille gegeben ist
- welchen **Inhalt die Willenserklärung** hat und
- welchen **Inhalt der Vertrag** hat.

Bedingung

Auslegung:

Auslegungsregeln im Gesetz sind §§ 449 I, 454 I 2, 2075.

- Wollen die Parteien, dass die Rechtsfolgen der Erklärung erst mit dem Eintritt eines zukünftigen ungewissen Ereignisses entstehen sollen, so vereinbaren sie eine **aufschiebende Bedingung, § 158 I** (Prüfungspunkt: Anspruch entstanden/Erklärung wirksam).
- Soll das Rechtsgeschäft bereits mit Abschluss wirksam werden, aber mit dem Eintritt eines ungewissen Ereignisses enden, dann handelt es sich um eine **auflösende Bedingung, § 158 II** (Prüfungspunkt: Anspruch untergegangen/Erklärung vernichtet).

Grundsätzlich kann jedes Rechtsgeschäft bedingt werden. **Bedingungsfeindlich** sind aber z.B.: Auflassung, § 925 II; Eheverträge; einseitige Rechtsgeschäfte (Gestaltungsrechte: Anfechtung, Rücktritt, Kündigung, Widerruf, Aufrechnung, § 388 S. 2).

Schutz des bedingt Berechtigten nach §§ 160–162:

- **Schadensersatz** bei **verschuldeter Beeinträchtigung**, § 160
- Schutz vor **beeinträchtigenden Verfügungen** gemäß § 161, wenn nicht §§ 161 III, 932 ff. greifen
- Schutz vor **unzulässigen Einwirkungen** gemäß § 162: Der Bedingungseintritt gilt als (nicht) erfolgt.

Befristung

Befristet ist ein Rechtsgeschäft, wenn seine Rechtswirkungen von einem **zukünftigen, gewissen Ereignis aufschiebend** (Anfangstermin) oder **auflösend** (Endtermin) abhängig gemacht werden, § 163. Auf die Befristung finden §§ 158, 160, 161 entsprechende Anwendung.

Vertretung i.S.d. §§ 164 ff. ist **rechtsgeschäftliches Handeln für einen anderen**.
Es sind **drei Personen** beteiligt:

- der **Vertreter**, der die Willenserklärung im fremden Namen abgibt, der also das Rechtsgeschäft für einen anderen tätigt **(Aktiv- oder Erklärungsvertretung, § 164 I)**, oder der die Willenserklärungen für den anderen entgegennimmt **(Passiv- oder Empfangsvertretung, § 164 III)**;

- der **Vertretene**, bei dem die Rechtsfolgen der abgegebenen Willenserklärung eintreten sollen und auch tatsächlich eintreten, sofern der Vertreter Vertretungsmacht besitzt;

- der **Vertragspartner**, dem gegenüber der Vertreter im fremden Namen das Rechtsgeschäft tätigt.

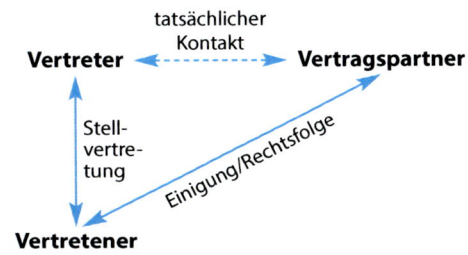

Aufbauschema

I. Zulässigkeit 🗗 22
II. Eigene Willenserklärung 🗗 23, 24
III. Im fremden Namen (Offenkundigkeit) 🗗 25
IV. Mit Vertretungsmacht 🗗 26 ff.
IV. Rechtsfolgen 🗗 32

Die Vertretung ist zulässig bei allen **Rechtsgeschäften**, die **nicht höchstpersönlicher Natur** sind.

- Höchstpersönliche Rechtsgeschäfte existieren insbes. im **Erb- und Familienrecht**

  ☞ Eheschließung, § 1311; Anfechtung der Vaterschaft, § 1600 a I; Errichtung einer Verfügung von Todes wegen, § 2064; Widerruf der testamentarischen Anordnung, §§ 2254, 2256; Erbverzicht, §§ 2347 II, 2351.

- Vertragspartner können auch vereinbaren, dass Rechtsgeschäfte zwischen ihnen höchstpersönlich abgeschlossen werden müssen **(gewillkürte Höchstpersönlichkeit)**.

  ⚠ **Genehmigung** bei höchstpersönlichen Geschäften **nicht möglich**, § 177 gilt nicht.

§§ 164 ff. werden entsprechend bei **geschäftsähnlichen Handlungen** angewandt.

  ☞ Mahnung

§§ 164 ff. können **nicht** bei **anderen rechtlich erheblichen Verhaltensweisen** angewandt werden. Insbes. gibt es keine Stellvertretung bei:

- der Ausführung von **Realakten**, wie Verbindung, Vermischung, Verarbeitung gem. §§ 946 ff.;

- dem **Erwerb** oder der **Übertragung** des **Besitzes**, insbesondere bei der Übergabe i.S.d. §§ 929 ff.;

- der Vornahme rechtswidriger **Handlungen**; diese werden unter den Voraussetzungen der §§ 278, 831, 31, 89 zugerechnet.

Der Vertreter gibt eine **eigene** Willenserklärung ab, während der **Bote** nur eine **fremde Willenserklärung überbringt**. Entscheidend für die Abgrenzung ist nach h.M. die **Empfängersicht**. Eine eigene Willenserklärung liegt vor, wenn der Vertreter einen eigenen Entscheidungsspielraum hat oder zwar nach festen Weisungen handelt, aber als Vertreter auftritt, sog. **Vertreter mit gebundener Marschroute**.

Die **Abgrenzung** zwischen Vertreter und Bote ist in folgenden Fällen **von Bedeutung**:

- Vertreter kann gem. **§ 165** eine in der **Geschäftsfähigkeit** beschränkte Person sein, Erklärungsbote auch ein Geschäftsunfähiger. Merkspruch: Und ist das Kindlein noch so klein, so kann es doch ein Bote sein.

- Ist ein Rechtsgeschäft **formbedürftig**, muss bei Stellvertretung (grds. nur, § 167 II) die Erklärung des Vertreters die Form wahren, bei der Botenschaft hingegen die Erklärung des Geschäftsherrn.

- Hinsichtlich einer **Kenntnis** ist grds. auf den Stellvertreter abzustellen (§ 166 I), bei der Botenschaft hingegen auf den Geschäftsherrn.

- Beim **Empfang** einer Willenserklärung (§ 164 III)

  - ist für ihre **Auslegung** der Horizont des Empfangsvertreters, bei der Botenschaft aber der des Geschäftsherrn maßgeblich.

  - erfolgt der **Zugang** beim Geschäftsherrn zeitgleich mit dem Zugang beim Vertreter, während bei der Botenschaft maßgeblich ist, wann mit der Kenntnisnahme des Geschäftsherrn gerechnet werden kann.

⚠ Wie für jede Abgrenzung gilt: Wenn es **auf die Abgrenzung nicht ankommt**, dann ist diese nicht ausführlich zu erwähnen.

Eigene Willenserklärung (2)

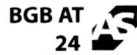

Innenverhältnis (Auftrag, Arbeitsvertrag):
Was **darf** der Handelnde gegenüber dem Geschäftsherrn?
Außenverhältnis (Vertretungsmacht):
Was **kann** der Handelnde gegenüber dem Vertragspartner?

} **Abstrakt**, d.h. muss nicht zwingend übereinstimmen.
Ausnahme: § 139

Auftreten des Vertreters als Bote und des Boten als Vertreter

- wenn von Vertretungs- oder Botenmacht gedeckt: unschädlich im Außenverhältnis (Ausn.: Missbrauch der Vertretungsmacht 🗗 31), Sanktionen im Innenverhältnis
- wenn nicht von Vertretungs- oder Botenmacht gedeckt
  - Handelnder tritt als Vertreter auf: §§ 177–179
  - Handelnder tritt als Bote auf
    - und übermittelt bewusst falsch oder ohne jeden Auftrag: §§ 177–179 analog
    - und übermittelt unbewusst falsch: § 120

Der Vertreter muss **deutlich machen**, dass die **Rechtsfolgen** nicht ihn, sondern **einen anderen** treffen sollen **(Offenkundigkeitsprinzip)**. Das kann sich auch aus den Umständen ergeben, § 164 I 2.

☞ Unternehmensbezogenes Geschäft; offenes Handeln für einen noch zu benennenden Dritten

Auslegungsregel des § 164 II:
Wird der **Wille, im fremden Namen zu handeln**, nicht hinreichend deutlich, so liegt ein **Eigengeschäft des Vertreters** vor. Das hat vor allem Relevanz, wenn der Vertreter **anfechten** will:

– Aus dem Wortlaut folgt, dass ein Rechtsgeschäft **nicht angefochten** werden kann, wenn der **Vertreter im fremden Namen** handeln **will**, aber **im eigenen Namen** handelt.

– Zweifelhaft ist, ob eine Anfechtung möglich ist, wenn der Vertreter **im fremden Namen** handelt, aber **im eigenen Namen** handeln **will**. Nach der Rspr. ist eine Anfechtung nicht möglich, beide Fälle seien gleich zu behandeln. Nach der Lit. ist eine Anfechtung möglich, da es sich bei § 164 II um eine nicht analogiefähige Ausnahmevorschrift handele. Str. ist allerdings, ob das Anfechtungsrecht dann dem Vertreter oder dem Vertretenen zusteht.

Einschränkungen des Offenkundigkeitsgrundsatzes:

– Beim **„Geschäft für den, den es angeht"** ist es dem Empfänger der Erklärung gleichgültig, wer sein Vertragspartner ist (grds. bei Bargeschäften des täglichen Lebens). Vertragspartner wird der Geschäftsherr.

– Beim **Handeln unter fremdem Namen** finden die §§ 164 ff. entsprechende Anwendung, wenn eine **Identitätstäuschung** vorliegt, also der Vertragspartner den Vertrag nur geschlossen hat, weil er ihn mit dem wahren Namensträger abschließen wollte. Vertragspartner wird der Geschäftsherr (☞ Missbrauch eines eBay-Accounts). Bei der bloßen **Namenstäuschung** wird hingegen der Handelnde Vertragspartner (☞ Rockstar James Hettfield checkt im Hotel als „John Smith" ein).

Vertretungsmacht

1) Rechtsgeschäft
(Vollmacht,
§ 166 II 1)
🗐 27

2) Gesetz
🗐 30

3) Rechtsschein

§§ 170 ff.

Duldungsvollmacht	**Anscheinsvollmacht**

1. Auftreten als Vertreter i.d.R. wiederholt und von gewisser Dauer **(Rechtsschein)**.

2. Vertretener hat Kenntnis vom Auftreten des Vertreters und duldet dies **(Rechtsschein zurechenbar veranlasst)**.	2. **Fahrlässige Unkenntnis** des Vertretenen vom Auftreten des Vertreters und Möglichkeit der Verhinderung.

3. **Vertragspartner** hat **gutgläubig** auf Bestehen der Vertretungsmacht vertraut.

4. **Rechtsfolge:** Vertretungsmacht (+), also **Erfüllungshaftung**	h.M.: Vertretungsmacht (+), also **Erfüllungshaftung** a.A.: Vertretungsmacht (-), nur **Vertrauenshaftung** (§§ 280 I, 311 II, 241 II)

5. **Anfechtbarkeit:**

- Irrtum über Bedeutung des Duldens/Schweigens ist **unbeachtlicher Motivirrtum über die Rechtsfolge**
- Irrtum über Inhalt der Vollmacht oder andere Tatsachen sehr str.:
  - auch Dulden = Rechtsschein (h.M.; a.A.: konkludente Erklärung)
  - Rechtsschein anfechtbar? Dafür: sonst stärkere Haftung als bei Willenserklärung; dagegen: nur Willenserklärung kann Willensmangel haben und anfechtbar sein.

Die Vollmachtserteilung ist ein **einseitiges Rechtsgeschäft**. Sie wird wirksam mit **Zugang**.

Vollmachtserteilung kann in der Weise erfolgen, dass der Vollmachtgeber

- gegenüber dem Vertreter Vollmacht erteilt, **Innenvollmacht**, § 167 I Var. 1,
- gegenüber dem künftigen Geschäftspartner die Bevollmächtigung erklärt, sog. **Außenvollmacht**, § 167 I Var. 2. oder
- durch bewusste Erklärung an die **Öffentlichkeit** (h.M.).

Nach **Umfang** der Vollmacht ist zu unterscheiden zwischen Einzelvollmacht, Gattungs- bzw. Artvollmacht und Generalvollmacht.

Die Vollmachtserteilung ist **grundsätzlich nicht formbedürftig**, § 167 II.

- Ein Formerfordernis kann allerdings **rechtsgeschäftlich** vereinbart werden oder **gesetzlich** vorgesehen sein (z.B. §§ 492 IV 1, 1484 II, 1945 III BGB, 2 II, 47 III GmbHG, § 80 ZPO, § 29 GBO, § 12 II HGB).
- Die Einhaltung einer Form ist auch erforderlich, wenn der Vollmachtgeber **so gebunden** ist **wie** durch das **formbedürftige Rechtsgeschäft selbst** (☞ unwiderrufliche Vollmacht für formbedürftigen Grundstückskaufvertrag, § 311 b I).
- Bei **formbedürftiger Bürgschaft** bedarf nach der Rspr. die Vollmacht des Bürgen der Form des § 766. Dies gilt auch für die **Ausfüllungsermächtigung** bei einer **Blankettbürgschaft**.

Die Vollmacht erlischt, wenn

- **das zugrunde liegende Rechtsgeschäft** (☞ Arbeits-, Dienst- oder Geschäftsbesorgungsvertrag) **erlischt, § 168 S. 1.**
    - Nach Maßgabe der §§ 674, 729, 169 kann die erloschene Vollmacht gegenüber dem Gutgläubigen **als fortbestehend geltend**.
    - Im Fall des **Todes des Beauftragten** erlischt i.d.R. auch die Vollmacht, §§ 168, 673, 675.
    - Mit dem **Tod des Auftraggebers** erlischt gem. § 672 der Auftrag und damit die Vollmacht grundsätzlich nicht (transmortale Vollmacht; vs. postmortale Vollmacht, die erst ab Tod des Vollmachtgebers gilt, §§ 158 I, 163).
- der Vollmachtgeber die Vollmacht **widerruft** (§ 168 S. 2; einseitige empfangsbedürftige Willenserklärung). Gem. §§ 168 S. 3, 167 I kann dies sowohl gegenüber dem Bevollmächtigten als auch gegenüber dem Geschäftspartner geschehen, unabhängig davon, wem gegenüber die Vollmacht erteilt wurde.
    - ⚠ Es kann ausnahmsweise eine **unwiderrufliche Vollmacht** erteilt werden, wenn der Bevollmächtigte ein besonderes Eigeninteresse an der Bevollmächtigung hat, das dem Interesse des Vollmachtgebers an der Widerruflichkeit zumindest gleichwertig ist. Auch dann ist ein Widerruf aus **wichtigem Grund** möglich, §§ 626, 723 analog.
- Daneben kommen in Betracht:
    - **Anfechtung** der Vollmacht, ⤢ 29
    - Beendigung nach dem Inhalt der Vollmacht, z.B. **auflösende Bedingung, Befristung** (§§ 158 II, 163)
    - nach h.M. **einseitiger Verzicht** des Bevollmächtigten
    - Eintritt der **Geschäftsunfähigkeit** des Bevollmächtigten (arg. ex § 165)
    - Eröffnung des **Insolvenzverfahrens** über das Vermögen des Vollmachtgebers, § 117 InsO

Zulässigkeit

Vor Ausführung des Rechtsgeschäftes nach h.M. zulässig, da die Möglichkeit des Widerrufs die Anfechtung nicht ausschließt. **Nach Ausführung** des Rechtsgeschäftes nach h.M. ebenfalls möglich, da die Vollmachtserteilung wie jede andere WE anfechtbar ist. Der andere Teil wird ausreichend nach § 122 geschützt, s.u.

⚠ Von der Anfechtung der Vollmacht zu unterscheiden: **Anfechtung des vom Vertreter vorgenommenen Rechtsgeschäftes**, wenn Irrtum bei Vollmachtserteilung
Gem. **§ 166 I** ist beim **Willensmangel** grds. auf die **Person des Vertreters** abzustellen. Ausnahmsweise ist nach der Rspr. gem. **§ 166 II analog** (der Wortlaut erfasst, anders als § 166 I, nur die Kenntnis) die Person des Vertretenen maßgeblich, wenn der Vertreter nach Weisung des Vertretenen handelt.

Anfechtungsgegner

- E.A.: Bei **Innenvollmacht** der **Vertreter**, bei **Außenvollmacht** der **Geschäftsgegner**
- A.A.: **Wahlweise** der Vertreter oder der Geschäftsgegner (arg. ex §§ 143 III, 167 I)
- A.A.: **Stets der Geschäftspartner**, weil letztlich nur die Folgen des abgeschlossenen Geschäftes beseitigt werden sollen.

Rechtsfolgen

- Die Vollmacht ist von Anfang an **nichtig**, § 142 I.
- Die h.M. räumt dem Vertragspartner gemäß § 122 einen **Ersatzanspruch** gegen den Vollmachtgeber ein (analog, wenn er nicht der Anfechtungsgegner ist, da er letztlich wegen des Schadens haften soll).

Der **nicht voll Geschäftsfähige** oder der **Betreute** wird durch den gesetzlichen Vertreter vertreten.

- Eltern, § 1629, ⏊ 42
- Vormund, § 1793 (wenn keine Eltern)
- Betreuer, § 1902 (für geisteskranken Volljährigen)
- Ergänzungspfleger, §§ 1915, 1793 (soweit andere Vertreter ausgeschlossen)

Für die **juristischen Personen** handeln die **Organe**. Die von Organen abgegebene Willenserklärung ist Willenserklärung der juristischen Person.

- ☞ Vorstand des Vereins, § 26 II 1
- ☞ Geschäftsführer der GmbH, § 35 I GmbHG
- ☞ Vorstand der Aktiengesellschaft, § 78 I AktienG

Der **Verwalter** einer bestimmten **Vermögensmasse** ist berechtigt, mit Wirkung für und gegen den Inhaber des Vermögens Rechtsgeschäfte zu tätigen.

- ☞ Insolvenzverwalter, § 80 I InsO
- ☞ Testamentsvollstrecker, § 2206
- ☞ Nachlassverwalter, § 1985

⚠ **§§ 166 II bis 176** gelten ausdrücklich nur für die (rechtsgeschäftlich erteilte) Vollmacht.

⚠ Bei der **Vertretungsmacht im Handelsrecht** handelt es sich nicht um gesetzliche Vertretungsmacht, sondern um eine **rechtsgeschäftliche Vertretungsmacht** (Vollmacht), die gesetzlich näher ausgestaltet ist,
- ☞ Prokurist, § 49 HGB; Handlungsbevollmächtigter, § 54 HGB; Ladenangestellter, § 56 HGB; nicht: Geschäftsführer (Organ, s.o.)

Beschränkung der Vertretungsmacht

§ 181

Wortlaut § 181
- **Insichgeschäft**
- **Mehrfachvertretung**

Zulässig wenn:
- in Erfüllung der Verbindlichkeit, § 181
- Gestattung, § 181
- Rechtsgeschäft für den Vertretenen **lediglich rechtlich vorteilhaft**

Wenn unzulässig:
- Vertreter handelt ohne Vertretungsmacht, ⌐ 33

analog
- wenn Vertreter **Untervertreter** bestellt und mit diesem das Rechtsgeschäft vornimmt
- wenn der Vertreter **nach dem materiellen Inhalt der WE** auf beiden Seiten des Rechtsgeschäftes mitwirkt
- ☞ Geschäftsführer einer GmbH erklärt für die GmbH die Aufgabe einer Hypothek, §§ 873, 875, die der GmbH am Grundstück des Geschäftsführers zusteht.

Kollusion, § 138

Das Rechtsgeschäft ist nichtig, wenn Vertreter und Vertragspartner einverständlich **zum Zwecke der Schädigung des Vertretenen** zusammenwirken.

* Wird auch die Vertretungsmacht im **Außenverhältnis** (rechtliches Können) überschritten, dann finden §§ 177 ff. direkte Anwendung

Missbrauch der Vertretungsmacht

- **Überschreitung** nur der Befugnis im **Innenverhältnis*** (rechtl. Dürfen)
- Vertragspartner **kennt** dies oder hätte dies ohne Weiteres **erkennen können** (Evidenz)
- str., ob Vertreter von Überschreitung **Kenntnis** haben muss
  – Lit. m.M. (+)
  – h.L. (–)
  – BGH: nur bei gesetzlicher Vertretung
- **Rechtsfolge:** Vertreter kann sich gem. § 242 nicht auf Vertretungsmacht berufen (a.A. §§ 177 ff. analog, schwebende Unwirksamkeit)

Rechtsfolgen der wirksamen Stellvertretung

- Das Rechtsgeschäft **wirkt für und gegen den Vertretenen**, § 164 I 1 u. III.

- Wird die Willenserklärung durch **Willensmängel** (☞ §§ 142 I, 119 ff.) oder **Kenntnis von Umständen** (☞ §§ 819, 932) beeinflusst, so ist gem. § 166 I grds. auf den **Vertreter** abzustellen.

- § 166 I findet analoge Anwendung auf die Zurechnung der Kenntnis des **Wissensvertreters**.

  ⊃ **Wissensvertreter** ist derjenige, der nicht Stellvertreter ist, der aber mit der Erledigung einer betreffenden Angelegenheit in **eigener Verantwortung** betraut ist.

  Bei größeren Unternehmen kommt es aufgrund der Arbeitsteilung zu einer Wissensaufspaltung. **„Typischerweise" aktenmäßig festgehaltenes Wissen** wird zugerechnet, soweit

  – es sich um eine Organisation mit typischerweise aufgespaltenem Wissen handelt (☞ GmbH & Co. KG),

  – die Verpflichtung besteht, die Information zu speichern und den Informationsfluss zu organisieren und

  – tatsächliche Möglichkeit des Zugriffs und Anlass dafür bestehen, auf Aktenwissen zurückzugreifen.

Rechtsfolgen der unwirksamen Stellvertretung

1. bei **Unzulässigkeit:** Nichtigkeit
2. bei Handeln im **eigenen** Namen: **Eigengeschäft**, § 164 II
3. wenn **keine Vertretungsmacht:**
   - Ein **einseitiges Rechtsgeschäft** ist grds. nichtig, § 180.
   - Der **schuldrechtliche Vertrag** bzw. die Einigung über die Rechtsänderung ist schwebend unwirksam, § 177 I. ⊡ 33

Schwebende Unwirksamkeit nach § 177 I

Beseitigung der schwebenden Unwirksamkeit

Genehmigung verweigert: unwirksam	Widerruf des Vertragspartners, § 178 (Unwirksamkeit)	Genehmigung erteil: von Anfang an wirksam, §§ 184 I, 182 II

§ 177 II: Eine dem Vertreter ggü. erklärte **Genehmigung bzw. Verweigerung** der Genehmigung wird **unwirksam**, wenn der andere Teil den Vertretenen zur Erklärung der Genehmigung auffordert. Zweiwöchiges Schweigen gilt als Verweigerung der Genehmigung, § 177 II 2.

Haftung des Vertreters gegenüber dem anderen Teil

- **ohne Vertretungsmacht** aus **§ 179** (Erfüllung oder Schadensersatz; Wahl wirkt ex nunc, elektive Konkurrenz)
- im Einzelfall auch **mit Vertretungsmacht**, nämlich **aus §§ 311 III, 241 II, 280 I**

Haftung des Untervertreters ohne Vertretungsmacht gegenüber dem anderen Teil

- **ohne Untervollmacht:** §§ 177–180
- **ohne Hauptvollmacht:**
  - Bei **verdeckter Untervertretung**, also wenn Unterbevollmächtigter im Namen des Geschäftsherrn handelt, **Haftung aus § 179**.
  - Bei **offener Untervertretung**, also wenn Untervertreter im Namen des Hauptbevollmächtigten handelt, nach der Rspr. keine Haftung aus § 179.

Zustimmung, §§ 182 ff. (1)

Einwilligung
(= vorherige Zustimmung, § 183)

- Rechtsgeschäft sofort mit Abschluss wirksam
- nach Vornahme des Rechtsgeschäftes ist Einwilligung unwiderruflich (§ 183 S. 1)
- Einwilligung erlischt im Zweifel mit dem Erlöschen des ihr zugrunde liegenden Rechtsgeschäftes (vgl. § 168)

Genehmigung
(= nachträgliche Zustimmung, § 184)

- wirkt grds. zurück, § 184 I
- bei Verweigerung endgültige Unwirksamkeit

Die **Zustimmung** ist eine **einseitige empfangsbedürftige Willenserklärung,** die **formfrei** ist, § 182 II. Bei Willensmängeln ist sie anfechtbar. Ihr Adressat kann grundsätzlich eine der beiden Parteien sein, Ausnahmen: §§ 108 II 1, 177 II 1.

Die Zustimmung eines Dritten erfordern z.B. folgende Rechtsgeschäfte:

- Rechtsgeschäfte eines Minderjährigen, die nicht lediglich rechtlich vorteilhaft sind, § 107
- Vertretung ohne Vertretungsmacht, § 177
- Schuldübernahme, § 415
- Aufhebung eines belasteten Grundstücksrechtes, § 876
- Verfügung eines Ehegatten bei Zugewinngemeinschaft über sein Vermögen im Ganzen, § 1365.

Ermächtigung
Sonderfall der in §§ 182 ff. geregelten Zustimmung

---

§ 185 I: Wer mit Einwilligung des Berechtigten **verfügt**, handelt selbst auch als **Berechtigter**. Es besteht daher kein Anspruch aus § 816 I 1 gegen den Verfügenden

⚠ Der Wortlaut des § 185 I, der vom „Nichtberechtigten" spricht, ist insofern falsch.

§ 185 II 1: Die Verfügung eines Nichtberechtigten wird bei Genehmigung ex tunc (Var. 1., § 184 I) und bei sonstiger Konvaleszens ex nunc (Var. 2 u. 3) wirksam. Dann besteht ein Anspruch aus § 816 I 1 gegen den Verfügenden.

Einziehungsermächtigung, § 185 I analog: Der Inhaber einer Forderung räumt einem anderen die Befugnis ein, die Forderung im eigenen Namen geltend zu machen. Der Inhaber muss an den so Ermächtigten leisten.

und

Empfangsermächtigung, §§ 362 II, 185 I: Begründet Empfangszuständigkeit, es tritt also Erfüllung ein, wenn an Ermächtigten geleistet wird.

Verpflichtungsermächtigung: Nicht anzuerkennen (h.M.), da sie dem Offenkundigkeitsgrundsatz (§ 164 I 1) widerspricht.

str., ob bei **verfügungsähnlichen Verpflichtungen** (☞ Miete) zulässig

➲ **Geschäftsfähigkeit** ist die Fähigkeit, durch Abgabe von Willenserklärungen Rechtsfolgen herbeizuführen; unbeschränkte Geschäftsfähigkeit grds. mit Vollendung des 18. Lebensjahres (vgl. §§ 2, 106). Sonderregelungen: Ehefähigkeit, § 1303; Testierfähigkeit: § 2229.

Geschäftsunfähigkeit, **§§ 105 I u. II** ⏵ 37	**beschränkte Geschäftsfähigkeit,** **§§ 106–113** ⏵ 38–43
Der beschränkt Geschäftsfähige kann folgende Geschäfte vornehmen: § 107, lediglich rechtlich vorteilhaft ⏵ 39 § 110, Bewirken der geschuldeten Leistung mit dem Taschengeld § 112, Erwerbsgeschäft § 113, Dienst- und Arbeitsverhältnis	Der gesetzliche Vertreter kann Rechtsgeschäfte des beschränkt Geschäftsfähigen ■ im Namen des beschränkt Geschäftsfähigen vornehmen (§§ 164 ff. ⏵ 21 ff.) oder ■ diesen zustimmen (§§ 107, 108, 182–184 ⏵ 34 f.). ⚠ Der gesetzliche Vertreter kann in der **Vertretungsmacht beschränkt sein, §§ 1643, 1821, 1822,** dann ist eine Genehmigung des Familiengerichtes erforderlich. Er kann (stattdessen oder auch) **ausgeschlossen sein, §§ 1629 II, 1795,** dann muss (stattdessen bzw. auch) ein Ergänzungspfleger gem. § 1909 bestellt werden. ⏵ 42

Nichtigkeit der Willenserklärung nach § 105 I

Nach **§ 104** ist geschäftsunfähig, wer das **siebte Lebensjahr** noch nicht vollendet hat (Nr. 1), oder wer sich nicht nur vorübergehend in einem die freie Willensbildung ausschließenden **Zustand krankhafter Störung der Geistestätigkeit** befindet (Nr. 2).

➲ Keine Fähigkeit, den Willen **frei und unbeeinflusst** zu bilden und der Einsicht gemäß zu handeln.

Nach h.M. gilt § 104 Nr. 2 auch für die **partielle Geschäftsunfähigkeit** (☞ pathologische Kaufsucht).

Hingegen wird die **relative Geschäftsunfähigkeit** für besonders schwierige Geschäfte abgelehnt wegen der drohenden Rechtsunsicherheit.

Rechtsfolge: Nichtigkeit der Erklärung (auch: als Vertreter, § 165). Zugang von Erklärungen nur beim gesetzlichen Vertreter wirksam, § 131 I.

Nichtigkeit der Willenserklärung nach § 105 II

Willenserklärungen im Zustand der **Bewusstlosigkeit** oder **vorübergehenden Störung der Geistestätigkeit** sind ebenfalls nichtig. ☞ Vollrausch; Fieberwahn

Geschäft des täglichen Lebens, § 105 a

Der von einem **volljährigen(!)** Geschäftsunfähigen geschlossene Vertrag gilt **in Ansehung von Leistung und Gegenleistung** als wirksam (d.h. Pflicht zur Leistung und eine Rückforderung nach §§ 812 ff. scheidet aus, str.), soweit es sich um ein **Geschäft des täglichen Lebens** handelt, das mit **geringwertigen Mitteln** bewirkt wird und **keine Gefahr** für Person oder Vermögen des Geschäftsunfähigen besteht. ☞ Kauf einer Tageszeitung

Laut h.M. bestehen zudem (trotz der Formulierung „in Ansehung von...") **Schadensersatzansprüche**.

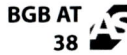
Einwilligung, § 107

Das Rechtsgeschäft des beschränkt Geschäftsfähigen (§§ 2, 106: ab Vollendung des 7. bis Vollendung des 18. Lebensjahres) ist gemäß § 107 grds. nur wirksam, wenn es mit **Einwilligung** des **vertretungsberechtigten** gesetzlichen Vertreters vorgenommen wird (Ausnahme: rechtlich vorteilhaft ⇨ 39). Zu Beschränkungen der Vertretungsmacht vgl. ⇨ 42.

Die Einwilligung, kann gem. **§ 182 dem beschränkt Geschäftsfähigen** oder dem **anderen Teil gegenüber** erklärt werden. Sie ist bis zur Vornahme des Rechtsgeschäfts frei widerruflich, § 183. Die Einwilligung kann auch im Hinblick auf einen bestimmten abgrenzbaren Kreis von Rechtsgeschäften erteilt werden, sog. **beschränkter Generalkonsens**.

⚠ Hat der gesetzliche Vertreter dem beschränkt Geschäftsfähigen Geld zur **Benutzung öffentlicher Verkehrsmittel** überlassen, so willigt er damit nicht in die Benutzung des Verkehrsmittels zum Schwarzfahren ein, sodass keine **Vertragsstrafe** gezahlt werden muss (str.).

Wirksamkeit gem. § 110

Das Rechtsgeschäft ist von Anfang an wirksam, wenn der Minderjährige die vertragsmäßige Leistung mit Mitteln **bewirkt** (also **vollständig** gezahlt) **hat**, die ihm **zu diesem Zweck oder zur freien Verfügung überlassen** worden sind.

Nicht jeder Vertrag ist wirksam. § 110 ist als konkludente Einwilligung Sonderfall zu § 107.

☞ Der 11-jährige kauft Bekleidung in Erwachsenengröße.

Einseitige Rechtsgeschäfte, § 111

Unwirksam ohne Genehmigungsmöglichkeit, soweit nicht rechtlich vorteilhaft.

Lediglich rechtlich vorteilhaft, § 107

○ Durch Vornahme entstehen **keine unmittelbaren Rechtsnachteile**. Auch **rechtlich neutrale Geschäfte** sowie Geschäfte mit nur wirtschaftlichen Nachteilen und nur mittelbaren Rechtsnachteilen sind „rechtlich vorteilhaft".

Verpflichtungsvertrag	
(+)	(–)
▪ Schenkung: wenn keine Verpflichtung enthalten (Rückübertragungsverpflichtung).	▪ Einigungsinhalt begründet Verpflichtung (☞ § 433, § 611, § 631) ▪ kraft Gesetz Verpflichtung (☞ § 670, § 693, § 607)

Verfügungsvertrag	
(+)	(–)
▪ Verfügung zugunsten des Minderjährigen (Übertragung, Belastung, Aufhebung, Inhaltsänderung eines Rechts) ▪ Erwerb: regelmäßig vorteilhaft	▪ Verfügung zulasten des Minderjährigen ▪ persönliche Verpflichtung (☞ Reallast, § 1108; Vermietung, §§ 566, 578; Wohnungseigentum, §§ 10 VIII, 16 II WEG)

⚠ Bei **wirksamer Verpflichtung** und **unwirksamer Verfügung** (☞ Schenkung eines belasteten Grundstücks) keine Gesamtbetrachtung, aber **teleologische Reduktion** der §§ 181, 1629 II, 1795

Sonderregel für einseitige Rechtsgeschäfte: § 111	
(+)	(–)
▪ Mahnung des Schuldners des Minderjährigen (geschäftsähnliche Handlung)	▪ Anfechtung, wenn auch Rechte des Minderjährigen entfallen oder Pflichten entstehen ▪ Bevollmächtigung/Ermächtigung eines Dritten

⚠ **Weitere Relevanz** des Begriffs: „Lediglich rechtlich vorteilhaft": § 131 II; § 1903.

Zusammenfassung der Rechtsfolgen

Wirksame Geschäfte	Schwebend unwirksame Geschäfte	Unwirksame Geschäfte
- Rechtlich vorteilhafte oder neutrale Geschäfte, § 107 - „Taschengeldparagraph", § 110 - Erwerbsgeschäft, § 112 - Dienst- oder Arbeitsverhältnis, § 113 - Geschäfte mit **Einwilligung**, § 107	- Geschäfte, die nicht von vorneherein unwirksam oder wirksam sind	- Einseitige rechtlich nachteilhafte Rechtsgeschäfte (ohne Einwilligung), § 111

Wirksamkeit ist abhängig von:
Genehmigung, § 108 Abs. 2 u. 3

- Versagung der Genehmigung gegenüber Vertragspartner → Geschäft endgültig unwirksam

Beschränkte Geschäftsfähigkeit gem. §§ 106 ff. (4)

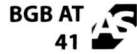

Zusammenfassung der Rechtsfolgen (Fortsetzung)

Geschäft endgültig wirksam ←	▪ Erteilung der Genehmigung gegenüber Vertragspartner	
	▪ Versagung der Genehmigung gegenüber Minderjährigem (auch konkludent) →	Geschäft unwirksam, **es sei denn, Vertragspartner fordert zur Genehmigung auf**
Geschäft wirksam, **es sei denn, Vertragspartner fordert zur Genehmigung auf** ←	▪ Erteilung der Genehmigung gegenüber Minderjährigem (auch konkludent)	
→	▪ Nach Aufforderung kann **unabhängig von einer evtl. dem Minderjährigen gegenüber erteilten Genehmigung**	←
Geschäft endgültig wirksam ←	a) die Genehmigung erteilt werden	
	b) die Genehmigung versagt werden →	Geschäft endgültig unwirksam
	c) innerhalb von zwei Wochen keine Erklärung abgegeben werden (damit gilt Genehmigung als verweigert) →	Geschäft endgültig unwirksam

⚠ Bei **Volljährigkeit** tritt Minderjähriger an die Stelle seines gesetzlichen Vertreters, d.h. er kann selbst genehmigen, § 108 Abs. 3

Gesetzlicher Vertreter

Gesetzliche Vertreter des Minderjährigen sind die **Eltern**, hilfsweise der **Vormund**.

Beschränkung der Vertretungsmacht, §§ 1821, 1822 (i.V.m. § 1643 I)

Gem. **§ 1821 I** bedürfen bestimmte Rechtsgeschäfte der **Genehmigung des Familiengerichtes**.

§ 1822 enthält eine weitere Aufzählung. § 1643 I verweist nur auf § 1822 Nr. 1, 3, 5 und 8–11.

Ausschluss

In den Fällen des **§ 1795 I** kann der Vormund den beschränkt Geschäftsfähigen nicht vertreten. Über **§ 1629 II** gilt diese Vorschrift auch für die **Eltern**.

Liegt ein Fall des § 1795 I vor, muss ein Ergänzungspfleger bestellt werden, §§ 1909 ff.

Liegt die **Zustimmung des Gerichtes** vor Abschluss des Rechtsgeschäftes vor, wird dieses mit **Abschluss wirksam**. Anderenfalls gilt:

- **Einseitige Rechtsgeschäfte** sind gem. **§ 1831 unwirksam.**

- **Verträge sind schwebend unwirksam.** Dies kann beseitigt werden, indem das Gericht die Genehmigung dem gesetzlichen Vertreter ggü. erklärt, § 1828. Dieser entscheidet, ob dem Vertragspartner die Genehmigung mitgeteilt wird, § 1829.

Ist der gesetzliche Vertreter von der Vertretung ausgeschlossen, so ist der **Vertrag schwebend unwirksam**, § 177 I. Der Ergänzungspfleger kann genehmigen, § 179.

Nach h.A. kann die Genehmigung des Familiengerichtes die Pflegerbestellung nicht ersetzen.

Kombination beider Fälle möglich ☞ Minderjähriger veräußert Grundstück an seinen volljährigen Bruder (einerseits § 1821 I Nr. 1 u. 4, andererseits § 1795 I Nr. 1).

Auswirkungen der beschränkten Geschäftsfähigkeit auf andere Rechtsgebiete

vertragliche bzw. vertragsrechtliche Ansprüche

- Entgegennahme der Leistung keine **Erfüllung**, da keine Empfangszuständigkeit
- **§§ 311 II, 241 II, 280 I**
  - gegen Minderjährigen, nur wenn gesetzlicher Vertreter Vertragsverhandlungen geführt oder zugestimmt hat
  - des Minderjährigen immer
- **Rechtsscheinshaftung** (–), da keine zurechenbare Veranlassung
- **Verjährung:** §§ 207, 210, 208

GoA

- als **Geschäftsführer** (§ 682), Haftung aus § 823 und § 812
- als **Geschäftsherr** nur, wenn gesetzlicher Vertreter einverstanden

Sachenrecht

- Realakte möglich (Eigentumserwerb kraft Gesetzes)
- Besitzerwerb möglich, wenn Besitzwille tatsächlich bildbar
- str., ob Übereignung einer fremden Sache wirksam

Bereicherungsrecht

- an einen Minderjährigen kann **geleistet** werden (lediglich rechtlich vorteilhaft)
  ⚠ **keine Erfüllungswirkung**, da keine Empfangszuständigkeit
- **Saldotheorie** zulasten des Minderjährigen nicht anwendbar
- **Bösgläubigkeit**, § 819
  - Kenntnis des gesetzlichen Vertreters bei Leistungskondiktion
  - bei Eingriffskondiktion: § 828 analog

Deliktsrecht

§§ 828, 829

Erbrecht

- testierfähig, wenn 16. Lebensjahr vollendet, § 2229 I
- Erbvertrag, § 2275

Familienrecht

- Ehemündigkeit, § 3 I, § 1 II EheG
- Verlöbnis: gesetzlicher Vertreter muss zustimmen

I. Verbotsgesetz

Gesetz sind alle Rechtsnormen (§ 2 EGBGB), d.h. nicht nur Gesetze im formellen Sinne, sondern auch Rechtsverordnungen und Gewohnheitsrecht. **Verbotsgesetze** sind Gesetze, die die **Vornahme eines Rechtsgeschäftes generell verbinden**. Indizien dafür sind:

- Verbot des **Inhalts** des Rechtsgeschäfts, nicht nur der Zeit/des Ortes/der Art und Weise (dann bloße Ordnungsvorschrift ☞ Ladenöffnungsgesetze)
- Verbot eines möglichen Rechtsgeschäfts **("nicht dürfen")**. Ordnet bereits das Gesetz die Nichtigkeit an **("nicht können"**, ☞ §§ 137, 399, 400, 1365), dann bedarf es keines Verbots über § 134.

⚠ § 263 StGB ist kein Verbotsgesetz i.S.d. § 134, da § 123 lex specialis ist

II. Verstoß gegen das Verbotsgesetz

Erfasst sind **unmittelbare Verstöße** und auch **Umgehungsgeschäfte**.

Es genügt die Verwirklichung des **objektiven Tatbestands**, denn subjektive Merkmale sind nur für Bußgelder und Strafen erforderlich.

III. Rechtsfolgen

Nichtigkeit, „wenn sich nicht aus dem Gesetz ein anderes ergibt". Entscheidend ist, ob das Gesetz sich nicht nur gegen den Abschluss des Rechtsgeschäftes wendet, sondern auch **gegen seine privatrechtliche Wirksamkeit** und damit gegen den **wirtschaftlichen Erfolg**.

- Bei einem **beiderseitigen Verstoß** ist grds. **Nichtigkeit** anzunehmen, soweit nicht durch anderweitige **Sanktionsmöglichkeiten** (z.B. durch Verhängung einer Strafe, Bußgeld oder Schadensersatz) das mit dem Verbotsgesetz verfolgte Ziel zu erreichen ist.

- Bei einem **einseitigen Verstoß** ist grds. von der **Wirksamkeit** auszugehen, es sei denn, Sinn und Zweck des Gesetzes können nur durch die Nichtigkeit erreicht werden.

  ☞ Beispiele für Nichtigkeit: § 3 RDG (Rechtsdienstleistungsgesetz); § 1 II SchwarzArbG (⊟ 46 f.); § 203 StGB; § 370 AO.

  ☞ Beispiele für Wirksamkeit: § 1 I 1 HwO, § 6 I WoVermRG

Umfang der Nichtigkeit: Grds. ist **Gesamtnichtigkeit** anzunehmen, anders nur bei Verstoß gegen preisrechtliche Verbotsgesetze (☞ § 5 I WiStG, überhöhtes Mietverlangen).

Die Nichtigkeit des **Verpflichtungsgeschäftes** hat nur ausnahmsweise die Nichtigkeit des **Verfügungsgeschäftes** zur Folge, wenn gerade die Vermögensverschiebung verhindert werden soll (☞ § 29 I Nr. 1 BtMG, Verkauf und Übereignung von Betäubungsmitteln)

⊃ **§ 1 Abs. 2 SchwarzArbG:** In Klausuren treffen die Parteien häufig eine **„Ohne Rechnung"-Abrede** (§ 1 II Nr. 2 SchwarzArbG), um ihren steuerlichen Pflichten zu entgehen und somit die Kosten für den Besteller zu reduzieren sowie den Gewinn des Unternehmers zu erhöhen.

I. Nichtigkeit des Werk- oder Dienstvertrages

§ 134 i.V.m. § 370 AO: § 370 AO verbietet es, unrichtige oder unvollständige Angaben über steuerlich erhebliche Tatsachen zu machen. Das Verbot richtet sich auch gegen Rechtsgeschäfte, die wie die „Ohne Rechnung"-Abrede eine Steuerhinterziehung nur vorbereiten. Allerdings tritt eine **Nichtigkeit** des Vertrages nur ein, sofern die Steuerhinterziehung den **Hauptzweck des Vertrages** ausmacht. Hauptzweck ist aber i.d.R. die Erbringung der vereinbarten Werk- oder Dienstleistung, sodass der Vertrag insofern i.d.R. nicht nichtig ist.

§ 134 i.V.m. § 1 II Nr. 2 SchwarArbG: Es soll die Schwarzarbeit schlechthin verboten werden, daher ist bereits das zugrunde liegende Rechtsgeschäft nichtig. Der Unternehmer ist, wie von § 1 II Nr. 2 SchwarzArbG gefordert, nach § 33 Abs. 1 Var. 1 AO steuerpflichtig. Ob der Besteller auch **steuerpflichtig** ist, ist umstritten, kann aber letztlich dahinstehen, da nach BGH ausnahmsweise ein **einseitiger Gesetzesverstoß** die Nichtigkeit des Vertrages begründet.

II. Lohnansprüche des Unternehmers

▪ **Vertragliche** Ansprüche scheiden mangels eines wirksamen Vertrages aus.

▪ Ob die **§§ 677 ff.** auch bei nichtigen Verträgen anwendbar sind, ist zwar umstritten. Im Ergebnis besteht aber unstreitig kein Lohnanspruch des Unternehmers, denn er darf die Aufwendungen jedenfalls nicht für „erforderlich" i.S.d. § 670 halten.

II. Lohnansprüche des Unternehmers (Fortsetzung)

- Ein **Bereicherungsanspruch** auf Wertersatz für die erbrachte Schwarzarbeit ist jedenfalls nach **§ 817 S. 2** ausgeschlossen. Während die Rspr. früher einem Anspruchsausschluss § 242 entgegenhielt, hält der BGH seit 2014 einen Kondiktionsausschluss zur effektiven Bekämpfung der Schwarzarbeit für notwendig. Soweit dies dem Unternehmer bekannt ist, scheitert der Anspruch zudem an **§ 814**.

III. Wertersatzanspruch des Unternehmers

Der Unternehmer kann keinen Wertersatz für eingebaute Materialien nach **§ 951 I** verlangen. Nach h.M. verweist die Norm nur auf die Eingriffskondiktion, i.d.R. leistet aber der Unternehmer. Jedenfalls scheitert der Anspruch an **§ 817 S. 2** (und ggf. an **§ 814**).

IV. Gewährleistungsansprüche des Bestellers

- Ein **vertraglicher** Gewährleistungsanspruch scheitert an einem wirksamen Vertrag. Eine Korrektur über § 242 findet laut BGH nicht statt.

- Ein Anspruch aus **§§ 311 Abs. 2, 241 Abs. 2, 280 Abs. 1** scheitert daran, dass der Anspruch auf das **negative Interesse** und nicht auf das Erfüllungsinteresse in Form des Gewährleistungsanspruchs gerichtet ist.

V. Rückzahlungsanspruch des Bestellers

Bei Vorkasse kann der Besteller den Werklohn nicht nach **Bereicherungsrecht** zurückverlangen. Der Anspruch scheitert an **§ 817 S. 2** (und ggf. an **§ 814**).

I. Objektiv

1. **Auffälliges Missverhältnis von Leistung und Gegenleistung** in einem gegenseitigen Vertrag. Bei Kreditverträgen i.d.R. zu bejahen, wenn der marktübliche Zins um das Doppelte oder um 12 Prozentpunkte überschritten wird.

2. **Schwächesituation: Zwangslage** (Zwingendes Bedürfnis nach der Leistung); **Unerfahrenheit** (Mangel an Lebens- und Geschäftserfahrung, ☞ Jugendliche oder geistig Behinderte); **mangelndes Urteilsvermögen** (Bewertungsdefizit im konkreten Fall); **erhebliche Willensschwäche** (verminderte psychische Steuerungsfähigkeit, ☞ Drogen- oder Alkoholabhängigkeit)

   ⚠ An die Schwächesituation sind **hohe Anforderungen** zu stellen, sodass § 138 II sehr selten bei Darlehensverträgen erfüllt ist. Diese Fälle werden über § 138 I gelöst, „wucherähnliche Kreditverträge", ⎙ 49.

II. Subjektiv

Ausbeutung, d.h. bewusstes Ausnutzen der Schwächesituation in Kenntnis des auffälligen Missverhältnisses.

III. Rechtsfolge

Grundsätzlich **Gesamtnichtigkeit**

⚠ Anders beim **Mietwucher**, wie beim Verstoß gegen § 134 i.V.m. § 5 I WiStG ist auch bei § 138 II umstritten, ob der Mietvertrag mit dem höchstzulässigen Mietzinssatz (Rspr.) oder mit der ortsüblichen Vergleichsmiete aufrechtzuerhalten ist.

Die **Verpflichtung** und das **Verfügungsgeschäft des Bewucherten** sind nichtig. Das **Verfügungsgeschäft des Wucherers** ist wirksam.

Rückforderungsansprüche

- des Bewucherten: § 985; § 817 S. 2; § 812 I 1 Var. 1
- des Wucherers: § 817 S. 2; § 812 I 1 Var. 2

⮑ Das Rechtsgeschäft verletzt das **Anstandsgefühl aller billig und gerecht Denkenden**.

I. Objektiver Sittenverstoß

Gesamtwürdigung des Rechtsgeschäftes anhand seines Inhalts, Motivs und Zwecks. Fallgruppen:

- Ausnutzen einer **Macht- oder Monopolstellung**
- Verstoß gegen die herrschende **Rechts- und Sozialmoral** (☞ Kauf eines Radarwarngeräts oder eines Doktorgrads)
- Vereinbarung über entgeltliche Vornahme **sexueller Handlungen**: wegen § 1 ProstG kein Anspruch auf die sexuelle Handlung, aber auf Bezahlung (jedenfalls nach Vornahme der Handlung, str.)
- **wucherähnliche Kreditverträge**, § 138 I, wenn auffälliges Missverhältnis zwischen Leistung und Gegenleistung und grob fahrlässiges Ausnutzen der schwächeren Lage des Kunden
- **Kreditsicherung** (⌻ Schuldrecht AT 2)
  – krasse finanzielle **Überforderung** und weitere Umstände (z.B. enge emotionale Verbundenheit) oder
  – **Verleitung zum Vertragsbruch** (verlängerter Eigentumsvorbehalt vs. Globalzession) oder
  – **anfängliche (!) Übersicherung**

II. Subjektives Element

- **Rspr.: Kenntnis/grob fahrlässige Unkenntnis** der Umstände immer erforderlich
- **Lit.:** nur erforderlich, wenn Sittenwidrigkeit gerade aus subjektiven Gründen (z.B. wucherähnlicher Kreditvertrag)

III. Rechtsfolge

Nichtigkeit des Verpflichtungsgeschäftes. Verfügungsgeschäft ist grundsätzlich sittlich neutral, aber ausnahmsweise nichtig, wenn die Sittenwidrigkeit im Vollzug der Leistung liegt (z.B. Sittenwidrigkeit der Globalzession).

- § 138 II ist **lex specialis** zu § 138 I.
- Besteht die Sittenwidrigkeit ausschließlich in der **Täuschung** eines Vertragspartners, ist der Vertrag nicht nach § 138 I nichtig, sondern lediglich gem. § 123 anfechtbar. § 138 I ist aber anwendbar, soweit neben der durch Täuschung bewirkten Willensbeeinflussung weitere, die Sittenwidrigkeit begründende Umstände hinzukommen.
- Verstößt ein Verhalten zugleich gegen § 134 und § 138 II, so geht § 134 als **lex specialis** vor (str.). Von diesem Grundsatz wird nur dann eine Ausnahme gemacht, wenn § 138 II und § 134 i.V.m. § 291 I StGB (welcher mit § 138 II nahezu wortidentisch ist) miteinander konkurrieren.
- Außerdem kommt noch ein **Schadensersatzanspruch** aus § 826 oder §§ 280 I, 311 II, 241 II in Betracht.

Formverstoß, § 125 (1)

Aufbauschema

I. **Bestehen eines Formbedürfnisses** ⊟ 51, 52

II. **Reichweite des Formbedürfnisses** ⊟ 53

III. **Einhaltung der Form** ⊟ 53, 54

IV. **Rechtsfolge der Nichteinhaltung der Form** ⊟ 55

Formzwecke sind insbesondere Warn- und Schutzfunktion, Beweisfunktion, Belehrungsfunktion sowie Erkennbarkeit des Rechtsgeschäftes für Dritte.

Grundstücksgeschäfte, § 311 b I 1

Zu beurkunden sind **Übertragungs- und Erwerbsverpflichtungen**:

- Kauf, Tausch, Schenkung
- Vorverträge und bedingte Verpflichtungen (schuldrechtliches Vorkaufsrecht und Verpflichtung zur Bestellung eines dinglichen Vorkaufsrechts)
- Auftrag bzgl. Grundstückserwerbs

Der **Umfang** erstreckt sich auf den **gesamten Vertragsinhalt**, einschließlich **Nebenabreden** (☞ Erbringung des Kaufpreises als monatliche Rente). Bei **zusammengesetzten Verträgen** ist auch der andere Vertragsteil formbedürftig, wenn er mit dem Grundstücksteil stehen und fallen soll (☞ Kauf eines Gaststättengrundstücks nebst Bierlieferungsvereinbarung).

⚠ Ist hiernach auch nur ein kleiner Teil des Vertrags nicht beurkundet, ist gemäß § 139 im Zweifel der gesamte Vertrag nichtig.

Änderungen und Ergänzungen sind formbedürftig, es sei denn, sie sind spontan erforderlich und unwesentlich (☞ Verlängerung der Kündigungsfrist) oder geschehen nach Übertragung (☞ Erhöhung des Kaufpreises nach der Auflassung).

Aufhebungen sind formbedürftig, soweit durch sie ein Anwartschaftsrecht zerstört oder sogar ein Rückübertragungsanspruch (☞ § 812) begründet wird.

Weitere wichtige gesetzliche Formerfordernisse

Schuldrecht

- § 311 b Abs. 1 S. 1 Verpflichtung zum Erwerb oder zur Übertragung von Grundstücken
  – **notarielle Beurkundung** –
- § 518 Abs. 1 Schenkungsversprechen
  – **notarielle Beurkundung** –
- § 766 S. 1* Bürgschaftsversprechen
  – **Schriftform** –

weitere Fälle:
§ 311b Abs. 3, 5;
§ 492 Abs. 1; § 761;
§ 780*; § 781*.

Sachenrecht

- § 925 Abs. 1 Auflassung
  – **vor dem Notar** unter gleichzeitiger Anwesenheit –
- § 1154 Übertragung der Hypothek
  – **schriftliche** Abtretungserklärung plus Übergabe des Briefes oder Eintragung im Grundbuch –
- § 1155 **öffentlich beglaubigte** Abtretungserklärung plus Übergabe des Briefes

Familien-/Erbrecht

- § 1410 Abschluss des Ehevertrags
  – **notarielle Beurkundung** unter gleichzeitiger Anwesenheit –
- § 2247 Testament
  – ganze Erklärung muss **handschriftlich** geschrieben und **unterschrieben** sein –
- § 2276 Erbvertrag
  – **notarielle Beurkundung** unter gleichzeitiger Anwesenheit –

Gesellschaftsrecht

- § 2 Abs. 1 GmbHG GmbH-Vertrag
  – **notarielle Beurkundung** –
- § 15 Abs. 3 u. 4 GmbHG Abtretung von Geschäftsanteilen sowie Verpflichtung dazu
  – **notarielle Beurkundung** –
- § 53 Abs. 2 GmbHG Beschluss über Satzungsänderung
  – **notarielle Beurkundung** –
- § 23 Abs. 1 AktG Satzung der AG
  – **notarielle Beurkundung** –

* Betrifft nur die Erklärung des Verpflichteten; Ausnahme § 350 HGB.

Auf die aufgezählten Formerfordernisse wird in den AS-Karteikarten zum jeweiligen Rechtsgebiet eingegangen.

Umfang vertraglich vereinbarter Formerfordernisse

Zustandekommen: gesetzliche Form kann verschärft werden

Änderung/Aufhebung:

- **einfache Formklausel** (☞ „Änderungen des Vertrags bedürfen der Schriftform.") können jederzeit formlos abbedungen werden, auch konkludent durch die Änderung.
- **qualifizierte Formklauseln** (☞ „Änderungen des Vertrags einschließlich dieser Klausel bedürfen der Schriftform."):
  – im **Individualvertrag** wirksam
  – in **AGB** wegen § 305 b unwirksam

Einhaltung der Form

Bei **empfangsbedürftigen Willenserklärungen** muss Willenserklärung in der erforderlichen Form **zugehen** (**Ausnahme:** Bei notarieller Beurkundung reicht Beurkundung der Annahmeerklärung, § 152).

Gesetzliche Form	Vereinbarte Form
Schriftform, § 126	**Schriftform, §§ 127, 126**
▪ Urkunde eigenhändig unterschrieben; Zugang d. Originals	▪ Geltung des § 126 nur „im Zweifel" (abweichende Bestimmungen möglich)
▪ Bei Vertrag Unterzeichnung auf derselben Urkunde, es sei denn es gibt gleichlautende Ausfertigungen, dann Unterschrift auf jeweils einer Urkunde	▪ Telekommunikative Übermittlung reicht (i.d.R. genügt daher Textform, § 126 b)
▪ Grds. Ersetzung durch elektronische Form möglich, soweit nichts Abweichendes bestimmt ist	▪ Bei Vertrag genügt Erklärungswechsel, Annahme durch bloßes „Ja" also möglich.
▪ Notarielle Beurkundung ersetzt Schriftform	

Einhaltung der Form (Fortsetzung)

Gesetzliche Form	Vereinbarte Form
Elektronische Form, § 126 a ■ Name und qualifizierte elektronische Signatur gem. Vertrauensdienstgesetz (VDG, in Kraft seit 07/2017) müssen hinzugefügt werden. ■ bei Vertrag Signierung gleichlautender Dokumente ■ keine Anwendung in gesetzlich bestimmten Fällen, § 126 III (☞ § 766 S. 2)	**Elektronische Form, §§ 127, 126 a** ■ Geltung des § 126 a nur „im Zweifel" (abweichende Bestimmungen möglich) ■ Name und elektronische Signatur müssen hinzugefügt werden (auch andere als qualifizierte) ■ bei Vertrag genügt Signierung von Angebot und Annahme
Textform, § 126 b Nennung der Person des Erklärenden und dauerhafte Wiedergabe der Erklärung möglich sowie Nachbildung des Namenszeichens am Schluss der Erklärung oder anderweitige Kenntlichmachung des Abschlusses der Erklärung (z.B. E-Mail, Computerfax, USB-Stick, CD-ROM etc.)	**Textform, §§ 127, 126 b** ■ Geltung des § 126 b nur „im Zweifel" (abweichende Bestimmungen möglich) ■ ansonsten keine Besonderheiten
Notarielle Beurkundung, § 128 ■ Beurkundung durch Notar ■ Beurkundungsverfahren gem. BeurkundungsG ■ wird bei gerichtlichem Vergleich durch Protokoll oder Schriftsätze ersetzt, § 127 a u. § 278 VI S. 1 Var. 2 ZPO ■ Zugangsentbehrlichkeit der Annahme gem. § 152	**Notarielle Beurkundung, §§ 127 analog, 128** § 128 ist im Zweifel analog anzuwenden.
Öffentliche Beglaubigung, § 129	

Rechtsfolge

Bei **gesetzlich vorgeschriebener Form**, § 125 S. 1, grds. Nichtigkeit. Ausnahmsweise Modifikation (☞ § 550) oder Wirksamkeit, weil nur vorteilhaft für den anderen Teil (☞ § 479 II u. III).

Ist eine **Nebenabrede** vergessen: Teilnichtigkeit, die gem. **§ 139 zur Gesamtnichtigkeit** führen kann.

Heilung des Formmangels, wenn angeordnet:

- durch Erfüllung gem. §§ 311 b I 2, 766 2 BGB, 15 IV 2 GmbHG
- durch Bewirken des geschenkten Vermögenswertes gem. § 518 II
- durch Übergabe/Bewirken gem. § 507 II 2 bei Teilzahlungsgeschäft, aber Modifikation nach § 507 II 3–5; dito § 494 II 1 u. 2 für Verbraucherdarlehensverträge

Die **Heilung tritt ex nunc** ein.

Ausnahmsweise kann **Berufung auf den Formmangel** gegen **§ 242** verstoßen, wenn

- **Existenzgefährdung** oder
- eine **besonders schwere Treuepflichtverletzung** des anderen Teils dem Formverstoß vorrangig ist (☞ vorsätzliche Verhinderung der Einhaltung der Form); stattdessen/wahlweise ist ein Anspruch aus §§ 280 I, 311 II, 241 II möglich (str.).

Der Mangel der **vertraglich vereinbarten Form** hat im Zweifel Nichtigkeit zur Folge, § 125 S. 2. Hat die Formwahrung nur Klarstellungs- und Beweisfunktion, so ist die formwidrige Erklärung gültig. Ist die Form Gültigkeitsvoraussetzung, so ist die Erklärung hingegen nichtig.

Auch formbedürftige Erklärungen sind **auslegungsfähig**, §§ 133, 157.

Die Auslegung erfolgt in **zwei Schritten:**

- Zunächst wird der **wirkliche Wille des Erklärenden**, wie er **vom objektiven Empfängerhorizont** zu verstehen ist, ermittelt.

- Dann ist festzustellen, ob der ermittelte **wirkliche Wille formgerecht** zum Ausdruck gekommen ist. Nach der h.M. muss dabei ein aus Umständen außerhalb der Urkunde ermittelter Wille in der Urkunde einen, wenn auch nur unvollkommenen, Ausdruck gefunden haben **(Andeutungstheorie)**.

  Ist jedoch ein übereinstimmender Wille der Parteien festzustellen, so gilt dieser, auch wenn er in der Erklärung keinen Ausdruck gefunden hat (falsa demonstratio non nocet; gilt bei Verfügungen nur für die Einigung, nicht für den Publizitätsakt). Bei absichtlichen Falschbeurkundungen gilt § 117 (⯗ 57).

Die **Erklärungen** in der Urkunde haben die **Vermutung** der **Vollständigkeit** und **Richtigkeit** für sich. Bei früheren mündlichen Vereinbarungen, die in der Urkunde nicht aufgenommen worden sind, kann grds. davon ausgegangen werden, dass die Parteien sie nicht aufrecht erhalten wollten. Die Beweislast für die Widerlegung der Vermutung trägt die Partei, die einen weiteren oder einen anderen Vertragsinhalt behauptet.

⚠ **Prozessual** findet diese Vermutung Ausdruck in § 416 ZPO.

Aufbauschema

I. Zulässigkeit

Kein Anschluss durch **Sonderregeln** (vgl. ⊟ 58)

II. Anfechtungsgrund

§ 119 I, § 119 II, § 120, § 123 I (vgl. ⊟ 59–64)

III. Wirksame Anfechtungserklärung ⊟ 65

Die Anfechtung muss 1. **fristgerecht** vom 2. **Anfechtungsberechtigten** 3. gegenüber dem **Anfechtungsgegner** erklärt werden.

IV. Rechtsfolgen der Anfechtung ⊟ 66

Die Willenserklärung ist nach **§ 142 I ex tunc nichtig** und damit auch ein durch sie ggf. entstandener Vertrag.

Bei Teilanfechtung **Teilnichtigkeit**, wenn Leistung teilbar.

Wirkung nur **ex nunc** bei in Vollzug gesetzten Arbeits- und Gesellschaftsverträgen.

Grundsätzlich ist **jede Willenserklärung** nach §§ 142 I, 119 ff. anfechtbar. Es gibt aber **Ausnahmen**:

Sonderregelungen

- Im **Erb- und Familienrecht** gelten Sonderregelungen, z.B. Anfechtung der Eheschließung, §§ 1313 ff.; der Anerkennung der nichtehelichen Vaterschaft, §§ 1600 ff.; der Erbschaftsannahme, §§ 1943 ff., und der letztwilligen Verfügung, §§ 2078 ff., 2281 ff.
- § 119 II ist unanwendbar, soweit spezielle **Gewährleistungsregeln** (☞ § 437, § 634) greifen. (⎘ 61)
- Die **c.i.c.** (§§ 280 I, 241 II, 311 II) steht neben der Anfechtung.
- **Gründungs- und Beitrittserklärungen zu Kapitalgesellschaften und zu Genossenschaften**, die ins Register eingetragen werden, sind nicht gem. §§ 119 ff. anfechtbar (Verkehrsschutz).

Fingierte Willenserklärungen oder Rechtsscheinstatbestände

- Soweit **Schweigen kraft Gesetzes als Willenserklärung** gewertet wird, kann der Schweigende nicht mit der Begründung anfechten, er habe nicht gewusst, dass das Schweigen diese Wirkung habe. Dies ist als Rechtsfolgenirrtum ein **unbeachtlicher Motivirrtum**.
  - ☞ Schweigen als Zustimmung, z.B. § 416 I 2, § 516 II 2 BGB; § 362 HGB;
    Schweigen als Ablehnung, z.B. § 108 II 2, § 177 II 2, § 415 II 2;
    Schweigen auf kaufmännisches Bestätigungsschreiben
- Ob **Rechtsscheinstatbestände** (☞ Rechtsschein der Bevollmächtigung, §§ 171, 172; Duldungs-, Anscheinsvollmacht; Blanketturkunde) angefochten werden können, ist umstritten. Dagegen spricht, dass sie keine Willenserklärungen sind. Dafür spricht, dass der Schein einer Erklärung nicht stärker binden darf als die Erklärung selbst.

I. **Was hat** der Erklärende **erklärt?** (äußerer Erklärungstatbestand einer Willenserklärung, ⎙ 4)

II. **Was wollte** der Erklärende zum Ausdruck bringen?

III. **Fallen** der äußere Erklärungstatbestand und das Gewollte **im Zeitpunkt der Erklärung unbewusst auseinander**?

- Inhaltsirrtum § 119 I Var. 1 (der Erklärende weiß, was er sagt, aber er weiß nicht, was er damit sagt)
    - ☞ 12 Gros Toilettenpapier
- Erklärungsirrtum § 119 I Var. 2 (der Erklärende weiß nicht, was er sagt)
    - ☞ Versprechen, Verschreiben

IV. **Hätte** der Erklärende die Erklärung bei Kenntnis und verständiger Würdigung **nicht abgegeben**? (Kausalität des Irrtums für die Erklärung)

Potenzielles Erklärungsbewusstsein

Wollte der Erklärende gar keine Willenserklärung abgeben, **hätte** es aber bei Beachtung der im Verkehr erforderlichen Sorgfalt **erkennen können**, wird ihm sein Tun als Willenserklärung zugerechnet (⎙ 5, ☞ Armzeichen auf einer Versteigerung, um jemanden zu grüßen). Er kann jedoch nach § 119 I (analog, str.) anfechten.

Invitatio ad offerendum und automatisierte Erklärungen

☞ V bietet auf seiner Homepage Ware an. Es wird der falsche Preis angezeigt. K kauft. Bei V startet die automatisierte Auslieferung.

Ein Irrtum bei der invitatio wirkt auf die Annahme (konkludent durch Lieferung) fort. Vertippen und Softwarefehler des Verkäufers fallen unter § 119 I. Softwarefehler Dritter fallen unter § 120.

Sonderfall: Kalkulationsirrtum

➲ **Fehler bei der Berechnung des Preises**

Der Kalkulationsirrtum kann unter folgenden rechtlichen Gesichtspunkten relevant sein:

- **Auslegung:** Bei Einigung über Berechnungsmethode: Korrektes Ergebnis ist vereinbart, falsches Ergebnis ist unbeachtlich (falsa demonstratio non nocet). Bei Einigung über (falsches) Ergebnis: falsches Ergebnis ist vereinbart, evtl. Anfechtung (s. sogleich).
- **Anfechtung:** Nach h.M. nie, weil unbeachtlicher Motivirrtum. Nach a.A. gem. §§ 119 I/II analog, wenn anderer Teil den Irrtum erkennt (offener Kalkulationsirrtum).
- **§§ 311 II, 241 II, 280 I (c.i.c.):** Aus § 241 II kann der andere Teil verpflichtet sein, auf den Irrtum hinzuweisen. Bei Unterlassen entsteht dann Anspruch aus § 280 I.
- **§ 313:** Die korrekte Berechnung kann Geschäftsgrundlage geworden sein. (⎁ Schuldrecht AT 2)
- Festhalten am falschen Preis kann **unzulässige Rechtsausübung** sein, **§ 242**

Maßgeblich für die angesprochenen Punkte ist, ob nur der Erklärende **(intern)** oder beide irren **(extern)**:

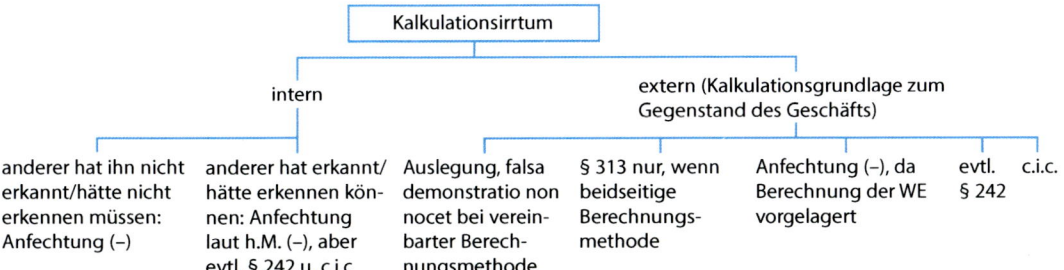

Anwendbarkeit des § 119 II

Soweit verkehrswesentliche Eigenschaft einer Sache **zugleich Mangel** begründet, gilt bereits vor Gefahrübergang (h.M.):

- **Käufer und Werkbesteller** können nicht anfechten (Schutz des Rechts zur zweiten Andienung, der Ausschlussfrist und des Rücktrittsausschlusses bei grob fahrlässiger Unkenntnis).
- **Mieter** kann anfechten (str.)
- **Verkäufer, Werkunternehmer und Vermieter** können nicht anfechten, soweit sie sich der vom anderen Teil gewollten Gewährleistung entziehen (§ 242).

Irren beide Parteien über denselben Umstand **(Doppelirrtum)**, so ist nach h.M. § 313 vorrangig vor § 119 II. Dagegen spricht, dass ohnehin nur derjenige anfechten wird, der den Nachteil hat.

Eigenschaft einer Sache

- ⮂ Neben der natürlichen Beschaffenheit auch tatsächliche und sachliche Verhältnisse und Beziehungen zur Umwelt, soweit sie für die Wertschätzung und Verwertbarkeit von Bedeutung sind. Kurz: Alle **gegenwärtigen, wertbildenden Merkmale**, die ihren Grund in der Sache selbst haben und **von gewisser Dauer sind**. Sachen i.S.d. § 119 II sind auch **nicht-körperliche Gegenstände**, wie z.B. Forderungen. Keine Eigenschaft ist der Wert selbst.

Eigenschaft einer Person

- ⮂ Jedes Attribut, dass dem Geschäftsgegner oder einem Dritten dauerhaft anhaftet oder seine Wertschätzung beeinflusst.

Verkehrswentlichkeit im konkreten Fall

- ⮂ Das, was erkennbar Motiv für die konkrete Erklärung ist.
- ☞ Geeignetheit einer Immobilie für Kinder bei einer Wohnung, nicht bei einem Bordell; Solvenz des Kreditnehmers für die Bank (nicht für den Bürgen, das ist gerade sein Risiko)

⚠️**Lernen Sie vernetzt:** § 123 I Var. 1 ähnelt § 263 StGB, § 123 I Var. 2 ähnelt § 240 StGB.

Arglistige Täuschung, § 123 I Var. 1

1. **Täuschungshandlung** durch positives Tun oder Unterlassen, wenn Rechtspflicht zur Aufklärung (☞ Unfallschäden beim Autoverkauf) über **Tatsachen** (➲ objektiv nachprüfbare, konkrete Begebenheiten; auch innere und negative Tatsachen; nicht Werturteile und Meinungen).

2. **Irrtum** des Getäuschten, d.h. Fehlvorstellung über Tatsachen

3. **Kausalität** („durch") der Täuschung für den Irrtum und des Irrtums für die Erklärung. Mitursächlichkeit reicht aus.

4. **Widerrechtlichkeit der Täuschungshandlung** (ungeschriebenes Merkmal). Insbesondere darf eine unzulässige Frage wahrheitswidrig oder überhaupt nicht beantwortet werden.

   ☞ Unzulässig sind grds. Fragen des Arbeitgebers bei der Einstellung nach Bestehen einer Schwangerschaft sowie nach der politischen oder religiösen Einstellung.

5. **Arglist** (dolus eventualis ausreichend), d.h. der Täuschende muss die Unrichtigkeit seiner Angaben oder zumindest sein Unwissen kennen, also die Angaben **„ins Blaue hinein"** gemacht haben.

   ☞ Obwohl der Händler den Wagen nicht überprüft hat, behauptet er, der Wagen sei unfallfrei.

6. Hat ein **Dritter** die Täuschung verübt, ist die Erklärung gem. § 123 II 1 nur anfechtbar, wenn der Empfänger die Täuschungshandlung kannte oder hätte kennen müssen. ➲ Nicht Dritter sind der Vertreter, der Verhandlungsführer, der Erfüllungsgehilfe (§ 278 S. 1 Var. 2) und die Person, die wegen der engen Beziehung zum Erklärungsempfänger als dessen Vertrauensperson erscheint.

   ⚠️ § 123 II enthält **keinen Anfechtungsgrund**, sondern er verschärft die Anforderungen an die Anfechtung nach § 123 I Var. 1

Widerrechtliche Drohung, § 123 I Var. 2

➲ Drohung ist die **Ankündigung eines künftigen Übels**, dessen Eintritt der Erklärende aus der Sicht des Adressaten **beeinflussen kann.**

Die Drohung ist **widerrechtlich**, soweit das **Mittel, der Zweck** oder die **Zweck-Mittel-Relation** verwerflich sind.

☞ Rechtswidrigkeit der Zweck-Mittel-Relation: A hat gegen B einen Anspruch aus Kaufvertrag. A droht B, ihn wg. Steuerhinterziehung anzuzeigen, wenn B dem A nicht unverzüglich eine Sicherungsgrundschuld an seinem Grundstück bestellt.

Die Drohung muss ferner **kausal** für die Erklärung sein und **vorsätzlich** erfolgen.

Konkurrenz des § 123 zu anderen Vorschriften

- Verhältnis **§ 123 I Var. 1 (Arglist)** zu **§§ 437 Nr. 3, 280 I. u. III, 281** und **§§ 437 Nr. 2, 323, 346**
  - Wenn keine Anfechtung erfolgt und ein Mangel vorliegt, kann der Käufer Schadensersatz statt der Leistung verlangen und/oder (§ 325) **zurücktreten**. Die erforderliche **Erheblichkeit** (§ 281 I 3, § 323 V 2) liegt bei Arglist in aller Regel vor. Werden die Gewährleistungsrechte geltend gemacht, dann ist daneben hinsichtlich des Mangels die **c.i.c.** (§§ 280 I, 241 II, 311 II) ausgeschlossen.
  - Wird angefochten, so erfolgt die **Rückabwicklung** des Kaufvertrages nach § 812 I 1 Var. 1 bzw. § 812 I 2 Var. 1 (str.).
- **§ 123 I** und die **c.i.c.** (§§ 280 I, 311 II, 241 II) **stehen nebeneinander**, weil § 123 die freie Willensbildung und die c.i.c das Vermögen schützt. Allerdings muss nach h.M. für die c.i.c. ein weiterer Vermögensschaden (neben der aufzuhebenden Willenserklärung) vorliegen.
- Neben der Anfechtungsmöglichkeit nach **§ 123 I** besteht häufig die Möglichkeit, aus **unerlaubter Handlung** (§ 823 II i.V.m. § 263 bzw. 240 StGB; § 826) **Schadensersatz** zu verlangen.

Zusammenfassung: §§ 119 ff. vs. c.i.c. vs. Gewährleistungsrecht

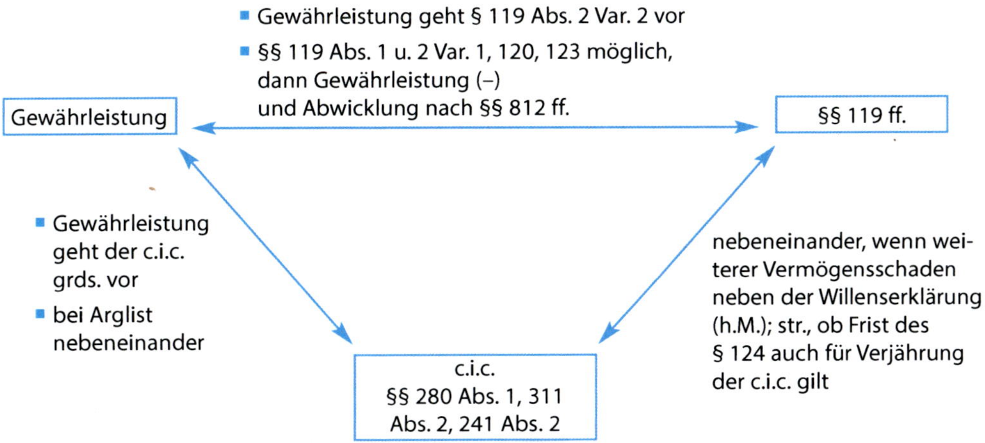

BGB AT
64

- Gewährleistung geht § 119 Abs. 2 Var. 2 vor
- §§ 119 Abs. 1 u. 2 Var. 1, 120, 123 möglich, dann Gewährleistung (–) und Abwicklung nach §§ 812 ff.

| Gewährleistung | ⟷ | §§ 119 ff. |

- Gewährleistung geht der c.i.c. grds. vor
- bei Arglist nebeneinander

nebeneinander, wenn weiterer Vermögensschaden neben der Willenserklärung (h.M.); str., ob Frist des § 124 auch für Verjährung der c.i.c. gilt

c.i.c.
§§ 280 Abs. 1, 311 Abs. 2, 241 Abs. 2

Anfechtungsberechtigt ist grds. der Erklärende bzw. – bei Stellvertretung – der Vertretene. Der **Anfechtungsgegner** ergibt sich aus § 143 II–IV.

Umstritten ist, wer bei der Anfechtung der Vollmacht der richtige Anfechtungsgegner ist, ⎅ 29.

Die Anfechtungserklärung muss unmissverständlich darauf schließen lassen, dass **die Willenserklärung wegen des Willensmangels nicht gelten soll**. Sie kann **konkludent** erfolgen, aber der **Anfechtungsgrund** muss erkennbar sein. Sie ist **bedingungsfeindlich** (Rechtsgedanke des § 388 S. 2), zulässig sind aber Potestativbedingungen und Rechts„bedingungen", ⎅ 18.

Die Anfechtungserklärung muss **fristgerecht** erfolgen:

- Bei Anfechtung gemäß **§§ 119, 120** ohne schuldhaftes Zögern (unverzüglich) nach Kenntniserlangung vom Anfechtungsgrund, § 121. Höchstfrist: 10 Jahre ab Erklärungsabgabe.

- Bei Anfechtung gemäß **§ 123 I** binnen Jahresfrist ab Ende der Täuschungs- bzw. Zwangslage. Höchstfrist: 10 Jahre ab Erklärungsabgabe

Eine **Bestätigung** schließt die Anfechtung aus, § 144 I.

Die Anfechtung ist nach **Treu und Glauben** (§ 142) ausgeschlossen, soweit der Anfechtungsgegner das Geschäft so gelten lässt, wie es der Erklärende gewollt hat (h.M.). Die Anfechtung ist **kein Reuerecht**.

Die Willenserklärung ist grds. gem. § 142 I von Anfang an **nichtig, ex-tunc-Wirkung**. In Vollzug gesetzte Gesellschafts- und Arbeitsverträge sind nur ex nunc nichtig.

Die **Teilanfechtung** eines teilbaren Rechtsgeschäfts (⌸ 67) ist möglich. Der Rest des Geschäfts ist dann nach § 139 im Zweifel ebenfalls nichtig.

Wird nur das **schuldrechtliche Rechtsgeschäft** angefochten, so besteht ein Rückabwicklungsanspruch aus § 812 I 1 Var. 1 bzw. § 812 I 2 Var. 1 (str.; relevant bzgl. § 814, der nur für § 812 I 1 Var. 1 gilt).

Die **Saldotheorie** gilt nicht zulasten des arglistig Getäuschten, ⌸ Schuldrecht BT 3.

Es kann auch das **dingliche Rechtsgeschäft** angefochten werden, soweit diesbezüglich ein Anfechtungsgrund besteht. Werden beide Rechtsgeschäfte angefochten (aus gleichem **[Fehleridentität]** oder verschiedenem Grund), entsteht ein Eigentümer-Besitzer-Verhältnis (⌸ Sachenrecht). Die Rückabwicklung der Übereignung erfolgt dann auch nach § 985.

Wer die **Anfechtbarkeit kannte oder kennen musste** (§ 122 II), der wird so behandelt, als habe er die **Nichtigkeit** gekannt bzw. als musste er diese kennen. Denn soweit die Anfechtung zurückwirkt, kann ihre Nichtigkeit nicht bekannt gewesen sein.

☞ § 166; § 819 I; § 932 II; § 990 I

Schadensersatz schuldet der nach §§ 119, 120 Anfechtende gemäß § 122 hinsichtlich des negativen Interesses, aber maximal in Höhe des positiven Interesses. Für die Anfechtung nach § 123 I gilt das nicht; im Gegenteil kann der Anfechtende Ansprüche aus §§ 280 I, 311 II, 241 II; § 823 I u. II; § 826 haben.

Teilnichtigkeit gem. § 139

Voraussetzungen:

- **Einheitliches Rechtsgeschäft:** „Einheitlichkeitswille" der Parteien bei Vornahme des Rechtsgeschäftes. Indizien sind der wirtschaftliche Zusammenhang und die Fixierung in einer einheitlichen Urkunde. Nach h.M. Verpflichtungs- und Verfügungsgeschäft nur ausnahmsweise bei besonderen Umständen.
- **Nichtigkeit eines Teils**
- **Teilbarkeit des Rechtsgeschäftes:** Der verbleibende Teil muss als selbstständiges Rechtsgeschäft Bestand haben können.
  - ☞ Nichtigkeit einzelner Klauseln, gegenüber nur einer von mehreren Personen, hinsichtlich nur einer von mehreren Leistungen, hinsichtlich nur eines bestimmten Zeitraums

Rechtsfolge der Teilnichtigkeit ist nach **§ 139 im Zweifel Gesamtnichtigkeit**. Für Teilnichtigkeit spricht insbesondere eine **salvatorische Erhaltungsklausel.**

⚠ Sondervorschriften im Erbrecht, § 2085, und bei allg. Geschäftsbedingungen, § 306 I (im Zweifel Teilnichtigkeit).

Umdeutung gem. § 140

- **Nichtigkeit** des von den Parteien **gewollten Rechtsgeschäfts trotz Auslegung**.
- Nichtiges Rechtsgeschäft enthält **sämtliche Tatbestandsmerkmale** des **Ersatzgeschäfts**.
- Die Parteien hätten das Ersatzgeschäft abgeschlossen, wenn sie die Nichtigkeit gekannt hätten **(hypothetischer Wille)**.
- **Rechtsfolge** des Ersatzgeschäfts geht **nicht weiter** als die des nichtigen Rechtsgeschäfts.
  - ☞ Umdeutung der fristlosen in fristgemäße Kündigung möglich, aber nicht umgekehrt

Bestätigung gem. § 141

Wird ein **nichtiges Rechtsgeschäft** mit **Bestätigungswillen** erneut **vorgenommen**, so ist es **ex nunc** wirksam.

Prüfung von AGB (Überblick)

I. Anwendbarkeit, § 310 Abs. 4, 🖂 68

II. Vorliegen von **AGB**, § 305 Abs. 1; beachte § 310 Abs. 3 Nr. 1 u. 2, 🖂 69

III. Einbeziehung in den Vertrag, § 305 Abs. 2 u. 3; beachte § 310 Abs. 1; Sonderfälle in §§ 305 a, 305 b, 305 c Abs. 1, 306 a, 🖂 70, 71

IV. Auslegung, beachte § 305 c Abs. 2, 🖂 72

V. Inhaltskontrolle: § 307 Abs. 3 ⇨ § 309 ⇨ § 308 ⇨ § 307 Abs. 1 u. 2; beachte § 310 Abs. 1 u. Abs. 3 Nr. 3, 🖂 72–74

VI. Rechtsfolgen nach § 306 (ggf. i.V.m. § 1 UKlaG), 🖂 74

⚠ AGB sind in der Regel nicht abstrakt-isoliert, sondern **an der jeweils relevanten Stelle** im Anspruchsaufbau zu prüfen (☞ AGB i.S.d. § 309 Nr. 3 im Rahmen der §§ 378 ff.). Klausuraufhänger für eine isolierte Prüfung kann die Klage einer Verbraucherschutzorganisation nach **§§ 1, 3 UKlaG** sein (🖂 74).

I. Anwendbarkeit, § 310 IV

Gem. § 310 IV 1 finden die §§ 305 ff. im **Erb-, Familien- und Gesellschaftsrecht** sowie auf **Tarifverträge, Betriebsvereinbarungen und Dienstvereinbarungen** keine Anwendung. Gem. § 310 IV 2 sollen bei **Arbeitsverträgen** die im Arbeitsrecht geltenden Besonderheiten angemessen berücksichtigt werden.

II. Begriff der AGB, § 305 I und § 310 III Nr. 1 u. 2

- **Vertragsbedingungen:** Regelungen, die rechtlich verbindlich sein sollen, also nicht bloße Empfehlungen oder Bitten.

- **vorformuliert:** nicht notwendig vom Verwender erstellt und vollständig formuliert. Vorformulierung auch im „Kopf" möglich.

- **für eine Vielzahl von Verträgen:** Regelung soll wiederholt (BGH: mind. 3 Verträge) angewendet werden. Dann AGB (+) bereits bei erster Anwendung.

  ⚠ Bei **Verbraucherverträgen** finden gem. **§ 310 III Nr. 2** die §§ 305 c II, 306, 307–309 auch Anwendung, wenn die Vertragsbedingungen nur zur **einmaligen** Verwendung erstellt sind.

- **vom Verwender (also einseitig) gestellt:** Vertragspartner hatte keine reale(!) Möglichkeit zur Abänderung des gesetzesfremden Kerngehalts durch Aushandeln. Hat ein Notar die Vertragsbedingungen vorformuliert, dann sind sie nur dann von einer Partei gestellt, wenn der Notar einseitig eine Partei begünstigt.

  ⚠ Bei **Verbraucherverträgen** gelten gem. **§ 310 III Nr. 1** die Bedingungen als vom Unternehmer gestellt, es sei denn, dass sie durch den Verbraucher in den Vertrag eingeführt wurden (Beweislast beim Unternehmer).

III. Einbeziehung

1. Einbeziehung gegenüber Privatpersonen, § 305 II und III

- § 305 II Nr. 1: Der Verwender muss bei Vertragsschluss **ausdrücklich auf die AGB hinweisen**. Ist ein ausdrücklicher Hinweis wegen der Art des Vertragsschlusses nur unter unverhältnismäßigen Schwierigkeiten möglich, reicht ein **deutlich sichtbarer Aushang** am Ort des Vertragsschlusses aus (☞ Massenverträge wie Stadionbesuch oder Kfz-Waschanlage).

- § 305 II Nr. 2: Dem Vertragspartner muss die **Möglichkeit verschafft** werden, in **zumutbarer Weise** vom Inhalt der AGB vor Vertragsschluss **Kenntnis zu nehmen**.

  Zusenden oder Bereitstellen zum Download genügt. Bei Menschen mit erkennbarer körperlicher Behinderung ist die Übergabe der AGB in einer Form erforderlich, die eine Kenntnisnahme vor Vertragsschluss ermöglicht. ☞ Brailleschrift oder in elektronischer oder akustischer Form

- § 305 II Hs. 2: **Einverständnis** des Verbrauchers, auch konkludent (Auslegung) möglich.

Gem. **§ 305 III** ist die Einbeziehung auch durch eine **Rahmenvereinbarung** im Hinblick auf bestimmte noch abzuschließende Verträge möglich (☞ AGB von Banken).

Gem. **§ 305 a** werden bei bestimmten Verträgen der **Daseinsfürsorge** die AGB auch ohne Erfüllung des § 305 II einbezogen.

III. Einbeziehung (Fortsetzung)

2. Einbeziehung gegenüber Unternehmern, § 310 I 1

§ 305 II und III finden gemäß § 310 I 1 keine Anwendung. Für die Einbeziehung gelten die allgemeinen **bürgerlich-rechtlichen und handelsrechtlichen Regelungen** über das Zustandekommen des Vertrages. Die Einbeziehung kann auch durch **schlüssiges Verhalten** erfolgen, dann aber nur soweit

- der Verwender bei Vertragsschluss auf AGB **hinweist** und
- der Vertragspartner die **Möglichkeit der Kenntnisnahme** hat.

3. AGB werden nicht Vertragsbestandteil, soweit …

- sie **überraschend** sind, § 305 c I,

   Die Klauseln müssen nach den Umständen so **ungewöhnlich** sein, dass der Vertragspartner mit ihnen nicht zu rechnen braucht. Eine solche Klausel liegt auch dann vor, wenn ihr ein **Überrumpelungseffekt** innewohnt. Sie muss eine Regelung enthalten, die von den Erwartungen des Vertragspartners deutlich abweicht und mit der dieser den Umständen nach vernünftigerweise nicht zu rechnen braucht.

   ☞ Erstreckung des Sicherungszwecks einer Grundschuld auf alle Verbindlichkeiten, wenn Anlass der Grundschuldgewährung nur ein bestimmter Kredit war.

- eine abweichende **Individualvereinbarung** vorliegt, § 305 b,

   ⚠ Nicht möglich bei doppelter Schriftformklausel, ⊟ 53.

- oder ein **Umgehungsgeschäft** getätigt wurde, § 306 a.

IV. Auslegung

Die Auslegung richtet sich nach dem **typischen Verständnis** unter **Abwägung der Interessen** der an Geschäften dieser Art beteiligten Kreise. Der individuelle objektive Empfängerhorizont ist nach h. M. irrelevant. Bei Verbraucherverträgen sind gem. § 310 III 3 auch die den Vertragsschluss begleitenden (individuellen) Umstände zu berücksichtigen.

Bleiben bei der Auslegung **Zweifel**, so **gehen sie zulasten des Verwenders**, § 305 c II. ⚠ Bei der Inhaltskontrolle daher **verbraucherfeindliche Auslegung** und bei der Anwendung einer wirksamen Klausel sodann **verbraucherfreundliche Auslegung**

V. Inhaltskontrolle gem. §§ 307–309

⚠ § 307 III 1: Nur Klauseln, die **von dispositiven Rechtsvorschriften abweichende oder diese ergänzende Regelungen** enthalten. Also keine Kontrolle von deklaratorischen Klauseln und von Leistungs- und Preisvereinbarungen, aber von Preisnebenabreden (☞ Fälligkeit, Vorleistungspflicht). Hiernach nicht kontrollierbare Klauseln sind trotzdem unwirksam, soweit sie nicht klar und verständlich sind (§ 307 III 2 i.V.m. I).

⚠ Bei der Inhaltskontrolle ist **zunächst § 309, dann § 308 und dann § 307** zu prüfen.

Inhaltskontrolle gem. § 309

Jeder Verstoß gegen eine Bestimmung des § 309 hat die **Unwirksamkeit der Vertragsbestimmung** in den AGB zur Folge.

Examensrelevant sind insbes. **§ 309 Nr. 7**, der regelt, dass ein Haftungsausschluss auch bei leicht fahrlässig verschuldeten Körperschäden unwirksam ist; **§ 309 Nr. 8 a**, der das Freizeichnungsverbot hinsichtlich des Lösungsrechtes vom Vertrag und des Schadensersatzes regelt; und **§ 309 Nr. 8 b**, der regelt, inwieweit die Gewährleistung bei **neu** hergestellten Sachen eingeschränkt werden kann.

V. Inhaltskontrolle gem. §§ 307–309 (Fortsetzung)

Inhaltskontrolle gem. § 308

Ein Vorstoß gegen § 308 führt nur zur Nichtigkeit, soweit eine **wertende Betrachtung** aufgrund der aufgeführten **unbestimmten Rechtsbegriffe** (☞ „unangemessen"; „zumutbar") dies ergibt.

Inhaltskontrolle gem. § 307

§ 307 II enthält **Regelbeispiele** für eine unangemessene Benachteiligung i.S.d. § 307 I 1. Diese ist im Zweifel anzunehmen, wenn eine Bestimmung

- **Nr. 1:** mit dem wesentlichen Grundgedanken der gesetzlichen Regelung, von der abgewichen wird, nicht zu vereinbaren ist,

  ☞ Bei Maklerverträgen sind alle Klauseln unwirksam, die einen erfolgsunabhängigen Provisionsanspruch begründen.

- **Nr. 2:** wesentliche Rechte und Pflichten, die sich aus der Natur des Vertrages und dem Synallagma ergeben **(Kardinalpflichten),** so eingeschränkt werden, dass die Erreichung des Vertragszwecks gefährdet ist.

  ☞ Der Betreiber einer automatischen Waschanlage regelt, dass er nur für solche während des Waschvorgangs verursachten Schäden haftet, die durch vorsätzliches oder grob fahrlässiges Verhalten verursacht worden sind.

Ferner sind gemäß § 307 I 2 Klauseln unwirksam, die nicht klar und verständlich sind **(Tranzparenzgebot).**

☞ Haftungsausschluss „soweit gesetzlich zulässig"

V. Inhaltskontrolle gem. §§ 307–309 (Fortsetzung)

Unternehmerischer Bereich, § 310 I

Nur § 308 Nr. 1 a und 1 b sowie § 307 I und II sind anwendbar. § 308 Nr. 1 u. 2–9 sowie § 309 haben aber **Indizwirkung i.R.d. § 307 I und II**.

VI. Rechtsfolgen, § 306

Ist eine AGB-Klausel ganz oder teilweise nicht Vertragsbestandteil geworden oder unwirksam, bleibt der **Vertrag im Übrigen** gem. § 306 I **grundsätzlich wirksam** (Gegensatz zu § 139).

Nach § 306 II treten an diese Stelle die **dispositiven gesetzlichen Vorschriften** (☞ Ist der Leistungsort oder die Leistungszeit unwirksam in den AGB geregelt, so gelten die §§ 269–271). Anderenfalls erfolgt eine ergänzende Vertragsauslegung (🔖 19).

Unzulässig ist die **geltungserhaltende Reduktion** einer **einheitlichen Klausel**. Sie darf nicht auf ein gerade noch zulässiges Maß reduziert werden, weil dann der Verwender keinem Risiko unterläge.

☞ V verkauft ein Handy und legt per AGB fest, dass der Anspruch aus § 439 I nach 2 Monaten verjährt. Die Verjährungsfrist beträgt dann nicht 12 Monate (§ 309 Nr. 8 b) ff)), sondern gemäß § 438 I Nr. 3 24 Monate.

Hingegen bleibt der eine Teil einer **teilbaren Klausel** wirksam, wenn nur der andere Teil unwirksam ist (arg. § 306 II). Die Klausel ist teilbar, wenn nach Wegstreichen des unwirksamen Teils ein verständlicher Klauselrest verbleibt (**blue-pencil-test**).

Nach **§§ 1 u. 3 UKlaG** kann derjenige, der in allgemeinen Geschäftsbedingungen Bestimmungen, die nach den §§ 307–309 unwirksam sind, verwendet oder für den rechtsgeschäftlichen Verkehr empfiehlt, auf **Unterlassung** im Falle des Empfehlens auch auf **Widerruf** in Anspruch genommen werden.

Zu **einander widersprechenden AGB** vgl. 🔖 16.

§§ 186 ff. enthalten **allgemeine Auslegungsregeln zur Frist- und Terminberechnung**, auch außerhalb des BGB (☞ Verweise in § 222 I ZPO, § 57 II VwGO und § 31 VwVfG).

Termine

⭢ Bestimmter **Zeitpunkt**, an dem etwas geschehen oder eine Rechtsfolge eintreten soll.

Fristen

⭢ Durch **bestimmten oder bestimmbaren** Anfangs- und Endtermin abgegrenzter **Zeitraum**.

☞ Ersitzungsfrist, § 937; Ausschlussfrist, § 124 I; Verjährungsfrist, §§ 214 I, 194 I; Nachfrist, §§ 281, 323

Zivilkomputation, d.h. Berechnung in ganzen Tagen. **Ende** der Frist:

- bei **Tagesfristen** mit Ablauf des letzten Tages
- bei **Wochen-/Monats-/Jahresfristen** als **Ereignisfrist** am entsprechenden Tag (☞ zwei Wochen ab Lieferung, Lieferung am Dienstag 01.11.: Ende mit Ablauf des Dienstags, 15.11.) und als **Tagesbeginnfrist** am vorhergehenden Tag (☞ zwei Wochen ab Dienstag, 01.11.: Ende mit Ablauf des Montags, 14.11.)
- **Monatsfristen am Monatsende** ggf. kürzer (☞ zwei Monate ab dem 31.12.: Ende mit Ablauf des 28.02. bzw. 29.02.)
- Bei rechnerischem **Fristende am Samstag/Sonntag/Feiertag** Verschiebung auf den nächsten Werktag, § 193.
  - ⚠ **„Kündigungsfrist"** ist für den Kündigenden keine Frist i.S.d. §§ 186 ff., da kein Anfangspunkt. Daher § 193 weder direkt noch analog.
  - ⚠ **Samstag** ist grundsätzlich ein Werktag. Anders aber i.R.d. § 556 b I (Fälligkeit der Miete), weil Banken am Samstag nicht buchen.

Ansprüche i.S.d. § 194 I einschließlich Nebenleistungen (§ 217; ☞ Zinsen) verjähren, andere Rechte (insbe-

Rechtsfolgen

Schuldner hat **peremptorische Einrede**, § 214, aber:

- Geleistetes ist **nicht kondizierbar**, §§ 813 I 2, 214 II
- **Aufrechnung** und **Zurückbehaltungsrecht** weiterhin möglich, § 215
- **gegenständliche Sicherheiten** (auch akzessorische) sind weiterhin verwertbar, § 216 I u. II 1

Für **Rücktritt** und **Minderung** gilt:

- keine Verjährung (s.o.), aber **Unwirksamkeit**, soweit (Nacherfüllungs-)Anspruch verjährt, § 218 I 1 u. 2
- Geleistetes **nicht** nach §§ 346 ff. **rückforderbar**, §§ 218 II, 214 II, außer bei Eigentumsvorbehalt, §§ 218 I 3, 216 II 2

Verwirkung, § 242

Ausnahmsweise ist ein nicht verjährter Anspruch nicht durchsetzbar, wenn er länger nicht geltend gemacht wurde **(Zeitmoment)**, aufgrund des Verhaltens des Gläubigers damit nicht mehr zu rechnen ist **(Umstandsmoment)** und der Schuldner hierauf vertraut hat **(Vertrauensmoment)**.

Berechnung, insbesondere Regelverjährung nach §§ 195, 199

Drei Fragen:

- **Beginn?** (ggf. Neubeginn, § 212)
- **Dauer?** (ggf. Höchstfristen)
- **Ende** nach §§ 186 ff.? (ggf. Hemmung oder Ablaufhemmung, §§ 203 ff.)

Primär **lex specialis** (☞ § 438 I–III; § 902), hilfsweise **§§ 200 f.** (Beginn) und **§§ 196–198** (Dauer), hilfsweise **Regelverjährung** nach §§ 195, 199:

- **Dauer:** drei Jahre
- **Beginn**, § 199 I: Ende des Jahres, in welchem
  - sowohl Anspruch **einklagbar entstanden und fällig**

    § 320 unbeachtlich; für Schadensersatz genügt erster Schadensposten
  - als auch **Kenntnis oder grob fahrlässige Unkenntnis** des Gläubigers vom Schuldner und von den anspruchsbegründenden Tatsachen.

    Unvorhersehbare Schäden irrelevant; rechtlicher Schluss auf den Anspruch irrelevant, es sei denn die Rechtslage ist nicht einschätzbar.

Höchstfristen: 10 Jahre nach Anspruchsentstehung (§ 199 IV),
30 Jahre im Erb- und Schadensrecht (§ 199 II–III a)

Vereinbarungen über die Verjährung, § 202

Verkürzung möglich, außer im Voraus bei Haftung wegen Vorsatz (weitere Sonderregel: § 476 II; § 651 m S. 2 [≙ §§ 651 j; 651 y S. 1 n.F. zum 01.07.2018]).
Verlängerung möglich, maximal 30 Jahre ab gestzlichem Beginn.

Hemmung, Ablaufhemmung, Neubeginn

Bei der **Hemmung** wird der Zeitraum **nicht eingerechnet**, § 209 („Pause").

- **§ 203 S. 1: Verhandlungen**, solange nicht deutlich abgelehnt oder eingeschlafen. Ende: § 203 S. 2.
- **§ 204 I: Rechtsverfolgung** (☞ Klageerhebung, Zustellung eines Mahnbescheides, Zustellung der Streitverkündung). Ende: § 204 II.
- **§ 205: Stillhalteabkommen** als vertragliches (!) Leistungsverweigerungsrecht

  Hingegen verschiebt anfängliche Stundung den Beginn bzw. führt nachträglich zu Neubeginn.

Bei der **Ablaufhemmung** läuft die Verjährungsfrist frühestens eine bestimmte Zeit nach Wegfall von Gründen ab, die der Geltendmachung des Anspruchs entgegensteht („Pause und Verzögerung beim Drücken auf Play").
☞ §§ 203 S. 2, 210, 211; ferner § 445 b II

Beim **Neubeginn der Verjährung** beginnt die schon abgelaufene Frist erneut § 212 („Stop und Play von vorne"), insbesondere beim **Anerkenntnis**, § 212 I Nr. 1:

- bei **Aufrechnung** (+), wenn kein Bestreiten der Hauptforderung;
- bei **Nachlieferung** nur, wenn nicht aus Kulanz, sondern erkennbar aufgrund der Verpflichtung dazu.